a r s i n c o g n i t a

コミュニケーションの哲学入門

柏端達也
Kashiwabata Tatsuya

慶應義塾大学三田哲学会叢書

目次

はじめに

今日「コミュニケーション」という語を耳にすることは多い。日常的な場面でその語が口にされる場合、とうぜん、何がコミュニケーションであるかはみんな分かっているという前提で話が進む。分かっていることにして先に進む能力は社会人に求められる能力だが、分からないことについてじつはよく分からないという点を確認しあうこともときには有益である。有益であるというよりそれは実際楽しい作業だと思う。もちろん、現にコミュニケーションができている以上、われわれはコミュニケーションについてそれをどうやってするか知っているとは言える。

しかし、コミュニケーションができるとはどういうことだろうか。呼吸がうまくできない場合は医者にかかる必要がある。コミュニケーションがうまくできない場合はどうすればよいのだろう。放っておいてよいのだろうか。あるいは、意識してよくしゃべるようにすればよいのだろうか。だが、多弁でもまったく話の通じない人がいる。逆に、無口だけれど組むには最適な人物もいる。むしろ、円滑なコミュニケーションのために近年重要視されるのは「空気を読む」ことである。これは、とにかくしゃべれと言うよりは本質的なアドバイスだと思うが、場の「空気」とは正確なところ何なのであろうか。しかもそれを「読む」とはどういうことなのか。それらを比喩なしで語ることは、うまく空気を読めるという意味ですでに空気の読み方を知っている人にとっても、興味深いことであるはずだ。

私はこれからいわゆるハウツー本を書きたいわけではない。めざすところはもうすこし理論的な何かである。しかも哲学理論的な。もちろん、スキーをするときの重心の移動に関する研究書をいくら読んだところで、スキーができるようになるわけではない。たしかに重心移動の理論が、うまく滑れない人に有益なヒントを与えることはあるだろう。しかしより重要なのは、その種の理論が、スキーであれ何であれ主題に対する新しい視点をもたらしてくれることである。どの分野のものであれ、理論は、主題を一歩退いたところから眺めることを可能にする。一歩退いたところから眺めることで、たとえば、なにがなんでも人とコミュニケーションをとらなければならないといった強迫観念から自由になることができたりする。そうしたこともまた「理論」のもつ価値の一つである。

第一章　何がコミュニケーションに含まれるのか

1　コミュニケーションは行為である

彼女の誕生日の朝、玄関にトルコキキョウを置いておこう。出ていくときに彼女はそれに気づくだろう。花言葉は「永遠の愛」だ。私自身このような気障《きざ》なことはたとえ生まれ変わっても絶対にしないが（いまの数文を書くのにもいくつかの心理的障壁を越える必要があった）、そこで何がなされようとしているのかは完全に理解することができる。その人物は自分の愛する人に「メッセージ」を送ろうとしているのだ。

二つめの例。あなたはスーパーマーケットの店長である。チョコレート菓子の売り上げをあとすこし伸ばしたい。あなたは、レジを待つ客の視界にさりげなく入るような場所に、包装のきれいなチョコレートを並べることに決める。もちろん、列に並んだまま手が届く位置に。人はレジを待つときついいろいろと手に取ってしまうものなので、これはきっと有効なやり方である。狙いは的中し、チョコレートの売り上げがすこし伸びた。

例をもうひとつ。排水口から海水が入ってくる。このあたりの海域の波の高さを過小評価していたようだ。逆流させないためには、海へと続く配水管のどこかに弁を取り付けなければならないだろう。しかしどこにそんなものを取り付けられるだろうか。

いまあげた三つの例はいずれも、人が何をしたか、または、しようとしているのかの描写である。さらに、それらはいずれも行為に関わっている。人間は始終いろいろなことをしているが、そうしたことのすべてが行為であるわけではない。私は昼に食べたものをたぶんいま消化している。しかしそれは行為ではない。周囲の温度を体温でわずかに上昇させているがそれも行為ではない。「行為」と単なる「すること」との区別にはいわゆる意図の有無が重要である。

行為とは意図的に世界に変化をもたらすことである。もちろん、ひとりの人間、たとえばあなたが、この世界にいるだけでも大きな違いは生じる。あなたがいることで、部屋の温度や二酸化炭素濃度はすこし上がり、空気の流れも多少変わるだろう。それらはあなたがこの世界に存在した痕跡である。あなたが変えた空気の流れは数日後に地球の反対側で竜巻をひき起こすかもしれない。しかしそうならなくてもそれらは十分に大きな違いである。そして――ここが重要なのだが――あなたは、世界のそうした変化のいくつかを意図してもたらすことができる。なんとすばらしいことか。人は自分の生きた証《あかし》を意図して残せるのだ。

冒頭の三つの例においても、行為者たちは何らかの変化を世界にもたらそうと意図している。うまくいけば世界は彼らの思い描いたとおりのものになるだろう。本書のテーマにとっての結論はむしろはっきりしている。三つの例のうち、「コミュニケーション」が明白に関わるのは最初の例のみである。問題は、そのように結論づける理由である。第一の例はあとの二つとどこが異なっているのだろうか。本章でそこを明らかにするつもりだが、順を追って話していこう。結論よりは過程が大事なのだから。

ところで、以下のことをこの段階で強調しておきたい。すなわち、たったいま示唆したとおり、コミュニケーションとはまず何より行為なのである。行為を含まないコミュニケーションはありえない。メッセージを送ることについてもそうだ。そう主張したい。そんなことはあたりまえだと言われるかもしれないが、理論的、抽象的に物事を考えるさいには、そうしたあたりまえの論点がしばしばいつのまにか忘れられるので、気をつけなければならない。行為にはほど遠い単純な機械の作動のようなものを「コミュニケーション」のモデルと称して話を終えないよう注意する必要がある。(1)

本筋に戻ろう。ここまでで、コミュニケーションは行為である(か、すくなくとも行為を主要な部分として含む)ということを述べた。そして、行為には意図が重要であることにも触れた。行為にとって意図が重要なのは次の二つの点においてである。第一に、意図の有無が、行為とそうでないものとを区別するという点。風にあおられて脚立から落ちた人に、脚立から落ちる意図があったとは言えまい。その落下運動にはいかなる意図もなかっただろう。身体の落下は身体運動の一種ではあるが行為ではない。単なる落下運動ならマネキンにだってできる。われわれがマネキンと異なるのは内部に動力源をもつことである。だが内的な駆動が身体運動を行為にするわけではない。消化のさい、われわれは胃や腸の動きを意図しない。消化の機能においてそれらの動きが重要な「意味」をもつとしてもである。私の胃や腸の動きは私の動きである。しかもそれは私の内部に動力源をもつ。しかしそれは私の行為ではない。行為であるためにはやはり何らかの意図が必要である。

意図が重要である第二の点は、どのような意図を伴っているかがどのような種類の行為であるかを左右するという点である。とりわけ、意図の中身による区別は、行為者が自らの行為をどのような行為に分類するかに直接関わっている。ある人が何らかの意図で手を上げたとしよう。どのような意図があったかに応じて、その人は、自分の動作を「タクシーを止めること」、「立候補すること」、「国境の向こう側にいる兵士を挑発すること」、「賛成を表明すること」、「肩関節の凝りをほぐすこと」等々として語るだろう。(2)

コミュニケーションはどのような種類の行為として特徴づけられるのか。その問いに対する答えは、いま述べた行為に対する意図の第二の関わり方が与えてくれる。つまり、コミュニケーションはある特殊な構造をもった意図を伴う行為として特徴づけられるのである。その意図の構造は複雑であり、私は、それはたとえばシジュウカラやジュウシマツがもちえないようなものだと確信している。(3) それを説明するために次節をあてたいと思う。

2 意図の階層とメッセージ

コミュニケーションにおける特殊な意図の構造とは、自分の意図に気づいてもらうことを意図するという入れ子状の構造のことである。コミュニケーションの開始はメッセージを送ることだ。多くの場合、始まりは「あの……」のような短い合図であるだろう。あるいは、相手に視線を止めて軽く人差し指を上げるといった一瞬の動作であるかもしれない。しかしそれらもまた「あなたと話したい」というメッセージであり、まさしく、話したいという意図に気づいてもらう意図でもってなされた第一歩なのである。そしてそのあとも典型的には同型の意図を伴う発話や仕草が続いていく。以上の特徴によって、コミュニケーションは、たとえば意図に気づかれないよう言葉巧みに他人を誘導するケースとは明白に区別される。

冒頭の三つの例で論点を確認したい。例は、同居人に花を贈る話、チョコレートの陳列の仕方を変える話、逆流防止弁を取り付ける話の三つであった。それらはいずれも行為を含む。それぞれの行為者はそれぞれの仕方で世界を変えようとしている。最初の二つは他者を相手にしたものである。つまりそこでは他人の心を変えることが意図されている。高度な企てである。というのも、そのような行為は、自分以外にも自分と同じような心的存在者がいることを理解していなければ、そもそも企てられないからだ。それらは、自分と同様の心をもつ（と想定される）存在に対してなされるタイプの行為である。それに対し第三の例のような行為は、極端な話、自分以外の心を認識しない知的存在によっても遂行可能であろう。その存在は他者がいるということをまったく理解しない。しかしきわめて知的な仕方で、精妙に機能する複雑な水路を組み立てていく。そのような存在は、知的であるとしても、われわれとは非常に異なる心をもつにちがいない。

入れ子状の意図は第一の例と第二の例の区別に関わっている。第一の例の人物は何らかのメッセージを送っている。具体的には、メッセージは、花そのものである。「メッセージ」がかならずしも言葉である必要がないということの点にまず注意してほしい。じつのところそれは花言葉なる慣習に結びつけられている必要すらなかった。(4) 重要なのは、玄関に置いた物体の〝意味〟に気づいてもらうことである。その物体は、まさしく特別な花であり、たとえば感謝の気持ちをその花に気づいてもらうことによって伝えるといった意図が、あるいは愛情をその花に気づいてもらうことによって確認するといった意図が込められた、そのような花なのである。

「ある種の意図が込められた何か」というのは、メッセージの基本的な特徴づけとしておそらく最初に思いつくものであろう。ただ、ここで注目したいのは、いまのような仕方で述べたとき、意図の中身を表す部分に「その花に気づいてもらうことによって」という文言が含まれる点である。これが曲者《くせもの》である。まず、意図された事柄のなかに「〇〇によって」と表される手段が含まれる点で、当該の意図がかなり特定された内容をもつものであることが分かる。つまり、望んだ結果がただ実現されるだけでなく、望んだ仕方で実現されることも、意図の充足にとっては必要だということである。もちろん人間は物事の細部にいくらでもこだわることができるので、ここまでならそう珍しい話ではない。だが、次に、「その花に気づいてもらうことによって」の「その花」が、当のメッセージそれ自体を指す点に注意してほしい。そのメッセージは、まさにいま説明しているような意図内容をもつものにほかならない。つまりメッセージはその内容に自己指示的な部分を含むのである。

メッセージがそれに込められた意図をそれ自身によって達成する仕方とは、概略、以下のようなものである。まずメッセージは、それがメッセージであるということに気づかれる必要がある。すなわち、特殊な形の意図が込められたものであるということに気づいてもらわなければならない。そして次に、その意図の中身を具体的に理解してもらわなければならない。メッセージが伝言であるならば、意図の具体的な中身が理解された時点で、意図されていたことの全体は達成されたことになるだろう。メッセージが依頼のようなものであるならば、意図の内容の達成は受け手のその後の反応にかかっている。

いずれにしても、第二の例におけるチョコレートの配置はいまの話の埒外《らちがい》である。もちろん、あまりにも絶妙なタイミングで目に飛び込んでくるチョコレート菓子の置き方に意図を感じる客はいるかもしれない。しかし、店主の意図としてはそのような意図に気づいてもらう必要はないし、むしろどちらかといえば気づかれないほうが好ましいと思っているだろう（誘導されている感じがときに人を不愉快にさせるということはよく知られているから）。花を贈る第一の例とこの第二の例に見られる行為は、ともに、もしうまくいけば行為者が望む変化を他者の心に生じさせるであろう。だがそれを実現するやり方はいちじるしく異なっている。行為者の意図の形がいちじるしく異なっているのである。

第一の例に登場し第二の例に登場しないものは「メッセージ」である。メッセージとは、メッセージであることに気づかれる必要があるような何かである。メッセージであることに気づかれるというのはどういうことだろうか。第一には、メッセージとなる物体が何らかの目的でそこに意図的に置かれたものであることに気づいてもらわなければならない。第二に、当該の物体に関するそのような意図や目的を読み取ってもらうことが意図されているということにも、気づいてもらう必要がある。第三に、それが、何らかの意図や目的を読み取ってもらうことが意図されているということに気づいてもらうことが意図されているような何かである、ということも知ってもらう必要がある。さらに第四に、いま述べたことを知ってもらうというのもこの物体に関して意図されていることの一つであるはずだ……等々。こうした意図の重層的な構造は、人をひるませるところがあるかもしれないが、メッセージのもつ（先に見た）自己指示性を考えればむしろ当然の帰結だと言える。

受け手の視点を交えて、微妙に異なる例と対比してみよう。メッセージと呼べるものを含まない例である。エントランスに入ったときなぜか私は明るい気分になった。雰囲気がいつもと違う気がする。私がもっと注意深い人間であれば、受付脇に今日はきれいな花が飾られていることに気づいただろう。花を置いた人の意図はあるいはそれでもう十分に達成されたのかもしれない。すなわち、入ってきた人に明るい雰囲気を感じてもらうことだけが目的だったということはありうる。とはいえ、多くの人は花の存在に気づくだろう。ひょっとすると花を置いた人は、花をよく見てもらうことも意図していたかもしれない。「誰かが花を置くだけでこんなに雰囲気が変わるんだ！　フラワーデコレーションってすごいな」と感心してほしかったのかもしれない。この例では、そのような行為者の思いが実際にあったとしてみよう。するとすくなくとも前段落の第一の段階に対応する意図——花が意図的に置かれたものであることに気づいてもらおうとする意図——は、この例にも見いだせることになる。たとえばあなたはエントランスの雰囲気が明るくなっていることに気づくだろう。また、鈍感な私と異なり、それが受付脇の花によってもたらされていることにも気づくだろう。そこにあなたは作為を見いだす。あなたは、「意図は分かるがこんなこれ見よがしに飾られたのでは興ざめだな」とつぶやいて、受付を通り過ぎる。この場合あなたは、花を置いた人物が、雰囲気を明るくすることを意図し、さらにこの花によって雰囲気を明るくすることを意図していることに気づいてもらおうとも意図している、と感じている。しかしあなたの意見は、この後者の意図はないほうがよかった、またはせめて隠しておくのが優雅だというものである。

右の例にはメッセージもコミュニケーションも見られない。[5] にもかかわらずそこには意図の重層的な構造がある。一つの教訓は、意図の入れ子自体はありふれた現象だということである。それはコミュニケーションにおいてのみ見いだされる構造ではないということだ。さらにいえばそれは、われわれが特定の内容の事柄を意図しうるということの自然な帰結でさえあるだろう。というのも、哲学者たちの言うとおり「内容」が命題的なものであるとするなら、[6] 意図の内容は、誰かが何かを意図するという形の命題であってもとうぜんかまわないと考えられるからだ。誰かが意図したその何かというものもまた意図の内容であり、それゆえ命題的であるとすれば、この話はいくらでも繰り返すことができるだろう。より一般的には、以上は、内容を伴う心的態度――意図や欲求、信念、予想、疑念、恐れ、歓迎、後悔……等々――をもつことの自然な帰結であると考えられる。われわれは、たとえば、相手を疑うことで相手をがっかりさせるだろうと心配している自分自身に対して嫌悪感を抱いたりする。これはわれわれが抱くのにけっして複雑すぎる心の状態ではない。態度の階層は人間の心にとって平凡かつ本質的な特徴なのである。

メッセージを送るということに関していえば、顕著な特徴の一つは、そこに本質的に見られる態度の階層がすべて「○○ということを私は意図している」から成っているという点である。もう一つのおそらくより重要な特徴は、それらの階層が、まさにメッセージであるということの本性から導出されるという点である。メッセージであるかぎり、それぞれの階層の意図がほんとうに存在するのかどうかを問うことに意味はない。それらの意図の存在は、その意味で概念的《コンセプチャル》な事実なのである。

受付脇に花を飾る例の状況はそれとは対照的である。行為者がもっている高階の意図、すなわち、花を飾ることで雰囲気を変えるという意図を知ってもらおうとする意図は、まったくメッセージ的ではない。それは、花を飾ることの意義を知らしめたいといった別の動機に由来するものであった。もちろん、その種の偶然的な意図はほかにもいろいろ想像しうるだろう。たとえば高階の意図は行為者の単なる自己顕示欲に由来するものかもしれない。具体的にどのような独立の意図が付随しているのかを知るには、状況の詳細や、可能ならさらに行為者の言動や人柄等を調べる必要がある。だがいずれにせよ、前述の例であなたが行為者の高階の意図について「ないほうがよかった」などと論評できたのは、エントランスに置かれた花をメッセージと考えなかったからなのである。(7)

3　行為とはどのような存在者か

意図の入れ子について長く話してしまった。それには理由があり、態度の重層的な構造はなぜか非常に不自然なもの、問題をはらんだものと考えられる傾向にあるため、その誤解を解きたかったからである。日常の文脈で自然にそのようなものとして語られないということは、語られるその対象が不自然なものであるということを意味しない。それはむしろ、右で述べたように、ありふれていて理解可能なものである。態度の無限の重なりが不可能に思えるとしたら、それは「意図」の実体化《ハイポスタティゼーション》の結果であろうと私は考える。

意図とは何であるかについては、後の章で触れる機会がある。この章の残りの部分では意図と行為の関係についておさらい的に整理しておこうと思う。

最初の節で示唆したように、行為は身体運動の一種である。とりわけそれは内部に動力源をもつ身体運動の一種である。以上のことは、一つ一つの行為が、特定のタイプに属する個々の身体の動きにほかならないということを意味している。

ここで言う「身体」はその名のとおり物的《フィジカル》な存在者である。つまり、骨や筋肉や脂肪から成るあれである。もちろん、複雑さと機能に関する条件を満たすのであれば、それは、モーターやバネやブリキの筒の集合体であってもかまわない。いずれにしてもこの文脈でたとえば「生きられた身体」のような過度に哲学的なものを考える必要はない。むしろ考えるべきではないだろう。脳もまた、理論家たちに人気のアイテムであるが、存在論的には特別なものではない。それは数ある臓器のうちの一つにすぎない。もちろん、行為を行為でない身体運動から区別する特定のタイプの原因を、脳の中にたどれはするかもしれない。そのようなものがあるとすればそれはきっと脳の中に見つかるだろうし、見つかったとすれば「いい話」である。だがそれは経験科学のお話である。ふたたび、複雑さと機能に関する条件を満たすのであれば、「脳」はシリコンチップでできていてかまわない。ただそこでも、松果腺や反陽子といった、何かを説明してくれるかに見える物を措定すべきではないだろう。中途半端な説明はないほうがましなのだ。

行為について考えるさい「身体運動」の意味は、しかし、別の方向へは適切に拡張しなければならない。たとえば身じろぎもせずただ頭の中で1から7まで数えるという行為は身体運動だろうか。いかにも。それは身体運動である。それは、なにより脳における生理学的な変化であり、ひょっとしたら声帯周辺の筋肉の電位変化すら伴うかもしれない。それらは広い意味での「動き」にはちがいない。これが形而上学的な仮定の表明でもある点に注意してほしい。われわれは(すくなくとも私は)、部屋の隅の木製の人形にあるとき魂が宿り、それが人知れず1から7までを数えはじめるなどということは起こらないと信じている。頭の芯までほぼ均質な木でできた彼に、それが可能だとは思えないからである。以上は、きわめて控えめな物的世界観の表明である。[8]

カテゴリーの上のほうを見れば、身体運動は出来事の一種である。出来事とは第一に世界の中で生じる具体的な存在者である。昨夜の停電、タイタニック号の沈没、四月分の給料が出たことなどは一つ一つが出来事であり、それぞれいつどこで起こったかを問題にすることができる。身体運動も、出来事というそうした大きなカテゴリーに含まれる。

すでに述べたように、行為は何らかの意図を伴う身体運動である。もっとも「意図」という言葉は、少々大仰であるかもしれない。特段の意図を見いだしにくい、ただなんとなくなされたような行為もあるからだ。おそらく、理由を問うことがナンセンスでないような身体運動であると述べたほうが、行為を広く自然に特徴づけられるだろう。「ただなんとなく」としか答えようがないことは、理由を問うのがナンセンスだということを意味しない（それに対してたとえばしゃっくりの「理由」を問うことはナンセンスである）。お好みならこれを行為とそれ以外の身体運動とを分ける規準に使ってもよい。[9]

「意図的」という言葉の使い方にも注意が必要である。その語が正確に何を修飾しているのかという問題がある。こまかい話になるが、「意図」の概念にとって基本的で重要なことなので確認させてほしい。まずは、行為や出来事でなく人物に関する同型の例で説明するのが分かりやすいだろう。一般に、ひとりの人物はさまざまに語られ、さまざまな側面のもとで知られうる。「太郎くんの新しい父親」と言われる人物が、同窓生たちのあいだでは「例の模範的な銀行員」として話題に上ったりする。そのときの「模範的」の語は、問題の人物を直接修飾する言葉ではない。太郎くんによれば新しいお父さんは模範的ではない。もし「模範的」が当の人物のことを形容しているのであれば、同窓生か太郎くんのどちらかが誤っているか、その人物が性質を矛盾した仕方でもつことになってしまうだろう。実際にはそうではなく、太郎くんは、その人物の父親としての側面に関して、まさに父親であるというそのあり方が模範的でないと言っているのである。

「意図的」についても同様のことが言える。その語は行為を直接的に修飾する言葉ではない。さまざまな分野の理論において「意図的行為」という用語をしばしば目にするにもかかわらずである。一つの行為はさまざまな仕方で語られ、さまざまな側面のもとで理解されうる。同一の身体運動が、たとえば、五百カロリーを消費して声帯を震わせることであると同時に、ひどいしわがれ声を出すことであり、また、午後の会議の時間を告げることでもあるといった場合がある。そのうち「意図的」なのは最後のことだけかもしれない。つまり、もっぱら会議の時間の告知であるという側面が、その身体運動に関しては意図的だったのかもしれない。もちろん、一つの側面において「意図的」と言えるのならば、それは当の動作自体に何らかの意図があったということである。したがってそのような身体運動は、どう語られようと「行為」と呼ぶのに十分である。[10]

この章の最初のほうで、コミュニケーションがなによりまず行為であるという強調を行なった。行為を本質的に含むような何かであるとも述べた。正確にどのような種類の出来事を「コミュニケーション」と呼ぶかについては、用語上の選択の幅が多少あるだろう。私はそれを、すくなくともメッセージを発することと発せられたメッセージを理解することから成る複合的な出来事と見なすことにしたい。

　コミュニケーションがそのようなものであるとすれば、「コミュニケーション」と呼ばれる出来事そのものは（それ全体は）行為ではないし、また、一部はあきらかに行為でないような出来事から構成されることになる。メッセージを理解する過程の重要な部分が行為ではないと考えられるからである。たとえば、相手の意図に気づくことは行為でない。気づいた原因やきっかけを問うことはできる。気づくことの利点を問うのもよいだろう。しかし気づいた「意図」を問うことはできない。だから、気づきは重要な心的出来事であるものの、行為のカテゴリーには属していない（それも中枢系の生理学的変化ではあるだろうが）。もちろん理解の途中に、相手の顔を覗き込んだり解読に頭をひねったり解釈の手がかりを探したりすることはあるだろう。それらは理解の過程の一部であり、メッセージを発するのとはまた別種の行為である。

以上のことをまとめると図1のようになる。本章で言及した最も上位のカテゴリーは「出来

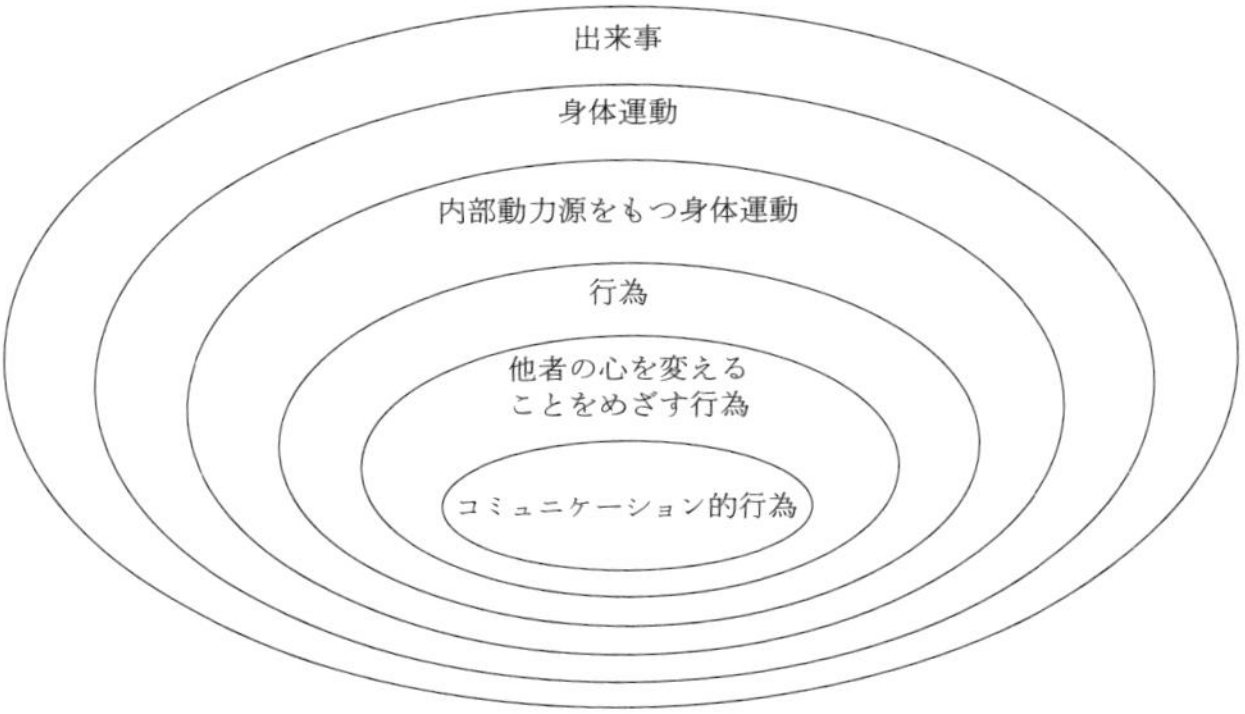

図1

事」である。図の最も下位にある「コミュニケーション的行為」が、コミュニケーションを本質的に構成する行為、すなわちメッセージを送るという行為である。

4　まとめ

この章では二つの見方を示した。一つは、コミュニケーションとは何であるかについて。「何であるか」というのは存在論的な問いである。私の主張は、コミュニケーションは世界の中で生じる出来事であり、複合的な身体運動であり、とりわけある種の行為を本質的に含むというものであった。この主張はシンプルだが、重要な帰結をもっている。それを前節で確認した。もう一つの観点は、意図の重要性に関するものである。行為は意図によって特徴づけられる。とりわけメッセージを送るという行為は、特有の重層的な構造をもつ意図によって特徴づけられる。メッセージを送ることこそが、コミュニケーションに本質的に含まれる種類の出来事である。意図の話は第2節を中心に行なった。

（1）コミュニケーションが行為だけから構成されると断言するならば異論があるだろう。たとえば、聞き手の側の理解は、行為というよりむしろ知覚や認知であると言われるかもしれない。この点に関する私の見解は次々節の最後で述べる。

（2）タクシーを止めるつもりがないのに「タクシーを止める」行為をしてしまうことはあるだろうか。あるだろう。知人に挨拶するために手を上げたさいに、誤ってタクシーを止めてしまう（誤解したタクシーが止まってしまう）ようなケースである。この点は、「意図的」の語を行為に対して使用するさいの注意と関わっており、次々節で詳述する。

（3）このあとに述べるような議論を始めたのは、知られているかぎりでは、ポール・グライスである。グライスは、「意味する」ということのある特殊な意味を特徴づけるため、そのケースに伴われる固有の意図のあり方に着目した。正確には、次節に示すのはグライスの考え方そのものではない。たとえば彼は意図の階層の無制限な構成の現実性に対して懐疑的であった。グライス自身が彼の文脈でどんなことを言っていたかについては、第三章で見ることにしたい。

（4）したがって花言葉のことは以降の例の記述において忘れてもらってかまわない。実際「永遠の愛」はトルコキキョウではなくキキョウの花言葉である。そのような誤りにもかかわらず、例の人物は同居人に永遠の愛を伝えることに成功しうるだろう。

（5）ここで「これもまたコミュニケーションなのだ」と宣言することに意味はない。本書の目的は、そのように多義的に用いられかねない「コミュニケーション」のレッテルから、その興味深い意味をできるだけ正確に取り出すことである。

（6）私も、人間の心の状態の多くは「内容」と呼べるものを伴っており、その内容は命題的な（つまり文の形で表現可能な）ものだと考える。ただし、後の章で私は、心は重要な意味において人間の内部にあると言えるものの、命題的構造をもつ何かが同様に人間の内部になければならないとまでは言えないだろうと主張することになる。人間の心の多くの状態が内容を伴うにもかかわらずどうしてそのような主張が可能になるのかについては、第四章で説明する。

（7）この例において、花によって雰囲気を明るくするという第一の意図の達成は、その第一の意図に気づいてもらおうという第二の意図の達成に依存しない。後者の達成が前者の達成の必要条件だと行為者は考えていない。依存関係はこのケースではむしろ逆であろう。花によって雰囲気が変わらなければ、花を飾ることの効果に気づいてもらうこともとうぜんできないからである。以上の論点は、第三章で「NNM」型の定義を導入するさいにふたたび確認する。

（8）「控えめ」であるのは、脳の変化の生理学的な記述によって、7まで数えるという心の働きが説明できるとまでは主張していないからである。

（9）「意図的な行為」を見分ける実際上の規準として、意図的であることと理由を問えることとの結びつきに注目したのは、G・E・M・アンスコムである。彼女の『インテンション』（一九五七）は今日行為論をはじめとする哲学諸分野の古典的著作となっている。関連する箇所として、同書の第5、第6、第16、第17節を参照されたい。ところで、ただなんとなくなされた行為にも意図はある。「ただなんとなく」は、さらに意図があるわけではないという主張だからである。ただなんとなく割り箸の袋を裂くという行為は、割り箸の袋を裂くという意図を伴っている。われわれはそれをいちいち「意図」として掲げないだけだ。また、ほかにも、行為の理由を問われたときに表面的には意図に触れないケースがある。たとえば「なぜ押してくるのだ」と問われて「君が最初に押したんだろ」と答えたとする。そのような関連する過去の出来事の提示は、理由の提示ではある。だがそれは意図の表明ではない。相手が最初に押したことは理由にはなるが「意図」ではない。しかしもちろんこの場合でも、「つまり仕返しの意図があったわけだな」と述べなおすことで意図を明示することはできる。それゆえ、これも意図の存在しないケースではない。結局のところ、「理由」を語るか、「意図」を語るかは、ある程度表現の問題である。逆に、「理由」より「意図」を考えたほうが直接的に課題を果たせるケースもあるだろう。たとえば、「どうして茶碗を放り投げたりするんだ」の問いに、落ちた茶碗を指さしつつ「いや茶碗の中に大きな虫がいたんだ」と答えたならば、むしろそれは、茶碗を落としたのが意図的であることを、それが行為であることを、否定しているのである。つまり、自分は茶碗を意図的に投げたわけではなく、驚いて落としただけなのだと主張しているのだ。われわれはこのようなケースを行為のケースから除外したい。ところが、語の広い意味において、中に大きな虫が見えたことは、驚いて茶碗を落としてしまうことの「理由（reason）」と言えるだろう。その一方で、それはいかなる意味でも「意図（intention）」ではない。意図をこのケースに見いだすことは、適切にも、できない。（アンスコムは、彼女が「心的原因」と呼ぶこのケースを、行為の理由から区別するため、苦心して詳細な議論を展開している。）

（10）このアイデアはドナルド・デイヴィドソンによる。論文「行為者性」（一九七一）を見られたい。

第二章　言語はそれほど必要ないかもしれない

1　コミュニケーションはわれわれがなすことのあくまで一部である

一般的な話をもうすこし続けよう。言語とコミュニケーションとのあいだの関係について述べたいことがある。とくにこの章では、言語とコミュニケーションがしばしば思われているほど密接な関係にあるわけではないことを確認したい。両者はもちろん無関係ではないが、それらがどのように関係しているかは自明ではないのである。もうひとつ、言語と行為とのあいだの一般的な関係についてもこの章で触れておきたいと思う。前の章に示したとおり、私は、コミュニケーションのもつ行為としての側面を強調したいと考えている。それゆえ言語と行為の関係についての知見は、何であれ、言語とコミュニケーションの関係をめぐる私の議論に影響を与えるはずである。

コミュニケーションは一種の行為である。または、すくなくともその本質的な部分はある種の行為である。前章でそういう話をした。ここで強調すべきは、コミュニケーションの本質的な部分が行為だとしても、それはあくまで特定の種類の行為だということである。行為の種類にはさまざまなものがある。コミュニケーションを構成するのはそのうちのごく一部にすぎない。逆にいえば、たとえコミュニケーションの能力がなくても、行為をする余地はいくらでもあるということである。第一章の、黙々と水路を構築しつづける不思議な人物を思い出してほしい。彼は、人と交わることなく、極端な場合他者を認識することすらなく、ひたすら精妙な水路を作りつづける。そのような〝知性〟は可能だと私は確信している。彼のやっていることは、まぎれもなく、意図したように世界を変えていく営みであろう。

教訓は、コミュニケーションの能力を人間にとって過度に重要なものととらえるべきではないということだ。もちろん、まったく「コミュニケーション」と呼びうるような営みなしに、人類が今日あるような文明を築きえたとは思わない。また、右の水路構築者も、先人たちが互いのやりとりのなかで培ってきた何らかの技術に、知らずに、依存しているところがあるだろう。ちょうど無農薬栽培の可能性が、より広域的な農薬の使用に依存しうるような仕方で。

私の主張は極端な例には依拠していない。コミュニケーションが不可能なまま知性的であるのにももちろん限度はある。たとえばわれわれは、自殺した妻の複製を送りつづけてくるソラリスの海に知性を帰属させることに問題を感じるだろう。惑星全体を覆う原形質の海の意図をわれわれは理解することができない。これはむしろそもそも意図を問うてよいのかどうかを問題にしうる事例である。(1) ソラリスの海は、知性が帰属しうる臨界の向こう側に位置する存在かもしれないのだ。

第一章の水路構築者は（私の記述が意図するところでは）ソラリスの海のような存在ではない。われわれは彼が何をしようとしているのかをすくなくとも部分的に理解する。彼が作り上げたものの価値さえ理解するだろう。水路はすばらしいものだ。ひょっとすると水路完成の喜びだけなら彼と共有できるかもしれない。作品の完成をあきらかに喜んでいる彼を目にして、われわれも彼のその達成が嬉しくなったとしよう。そこでもしわれわれのそうした気分の変化が原因となり、彼がさらに嬉しそうになったのなら、そしてわれわれの気分が伝わったことをわれわれがさらに喜ばしく思い、それによって彼がいっそう嬉しそうにしているのなら、おそらく、われわれと彼は喜びを共有している。もしそうなら、それはなかなかの達成である。何かについて喜ぶという情動は原初的なものだが、その共有の形はまぎれもなくコミュニケーションへと至るものの原型を成す。彼は、依然として孤立した状態で次の水路を作っていくかもしれないが、完成の喜びに関してだけは他者とどこか通じあえる存在なのである。

問題は価値にも関わっている。たとえば、郵便配達員のシュヴァルの人生の最も意義ある部分は、本質的にコミュニケーションを必要とする活動から成っていなかったはずである(2)。シュヴァルはもちろん人々に交じって普通に仕事をしていた。言葉を理解しなかったわけではもちろんない。彼は毎日多くの宛先を識別していたであろうし、彼の作った宮殿のいたるところには警句が刻まれている。だが、彼の価値ある宮殿はコミュニカティブな活動の産物ではない。

思うに彼はただそれを作りたかったのだ。コミュニケーションの行為は人によってはそれほど大きな意味をもたないかもしれない。

2　言語はコミュニケーションにとって不可欠ではないだろう

コミュニケーションはわれわれが人間として行なうことのあくまで一部だということを前節で確認した。人生においてなすことのうちのどのような部分を重視するかは人それぞれであるという、ある意味あたりまえの論点も前節の最後で想起した。どの部分を重視するかは人それぞれであるべきだという点も、くわえて強調してよいだろう。価値は本性上多元的なものだと私は考える。とはいえ、価値論は本書のテーマではないので、この話はここでやめにしよう。

この節では、言語がコミュニケーションにとって必要不可欠ではないということを見たい。その点はじつはすでに明らかかもしれない。第一章で私が「コミュニケーション」や「メッセージ」としてあげた主要な例は、本質的に言語と関わらなくてよいものばかりであった。花を贈る前章の最初の例において、花がそもそも言語でも何でもないという点に注意されたい。まさしくそれはメッセージであるにもかかわらずである。

花言葉の付属は本質的ではない。花の代わりにチョコレートでも金魚でもよかったのだ。花そのものは「言語」と呼ぶにふさわしい構造を持っていない。むろん花は構造的だが、花弁が

「いつも」で、茎が「あり」で、葉が「がとう」に相当するわけではない。玄関に置かれた花の意味を理解したからといって、別の場所で目にするトルコキキョウの花弁やその他の部分がたとえば「いつも」に相当する意味をもつという見込みが高まるわけでもない。過剰に枝分かれしたトルコキキョウは「いつもありいつもありいつもありありがとう」ではない。花の構造には破格も適格もない。もちろん、花弁や茎を規則的に並べて複雑な暗号を作ることはできるだろう。そのときたしかに花は正真正銘の言語である。だが、第一章の例におけるメッセージとしての花が、そのような情報伝達方式とまったく異なることを理解してほしい。玄関に置かれた花の構造をどれだけ仔細に観察しても、その花に込められた意味を解読することはできない。解読できないのは鍵を持っていないからではない。そもそもそれが解読されるべき暗号のようなものではないからである。

「言語」というものを私は狭くとらえすぎていると言われるかもしれない。いかにも、私は、ある特徴的な内部構造をもつ記号列のみを「言語」と呼んでいる。前段落の話は花の構造にそうした特徴が見られないというものであった。この限定は重要である。コミュニケーション能力を言語運用能力と同一視する（すくなくとも前者を後者の一部と考える）傾向が一般にあり、本節ではそのような傾向と異なる見方を提案したいと思っている。両者が同一視されるとき、「言語」なるものの外延は曖昧にされる。そのさいもちろん「コミュニケーション」が何を意味するかについても立ち入った考察がなされることはない。だがそのように曖昧に語られていた「言語」は、しばしば、右でとらえた狭い意味での言語へと自覚されることなく縮退していくのである。

たとえば「動物にコミュニケーションが可能か」という問いを考えよう。興味深い問いである。どうすれば答えに接近できるだろうか。動物の「言語」を探すというのがひょっとすると最初に思いつかれるアプローチかもしれない。ところが、そのときに探される「言語」はだいたい、右で描写したような諸特徴をもつ狭い意味での言語なのである。[3] つまり、人間以外の動物たちの口からもよく音が出ているがあれに言語的な意味はないのか、といった方向での探求なのである。このアプローチはある意味自然な発想に基づいていると言えるが、有望だとは私には思えない。すくなくとも他を差しおいて王道となりうるようなものではないだろう。実際のところ、そこで見つけ出されるのは、鳥のさえずりの分節化可能性だったり、反復的に出現するパターンだったりである。あるいは、人間が用意した記号に対する訓練された動物の「適切」な反応であったりだ。それらは、前々段落で素描した言語の諸特徴の破片にすぎない。後者にいたっては、測られようとしているのは言語運用能力そのものではなく、言語運用能力をもてるかどうかに関する潜在的能力ではないかという疑いさえある。言語運用能力をもちうる能力をもつかどうかについて、人間の脳とその動物の脳を比較することで分かる部分はあるか

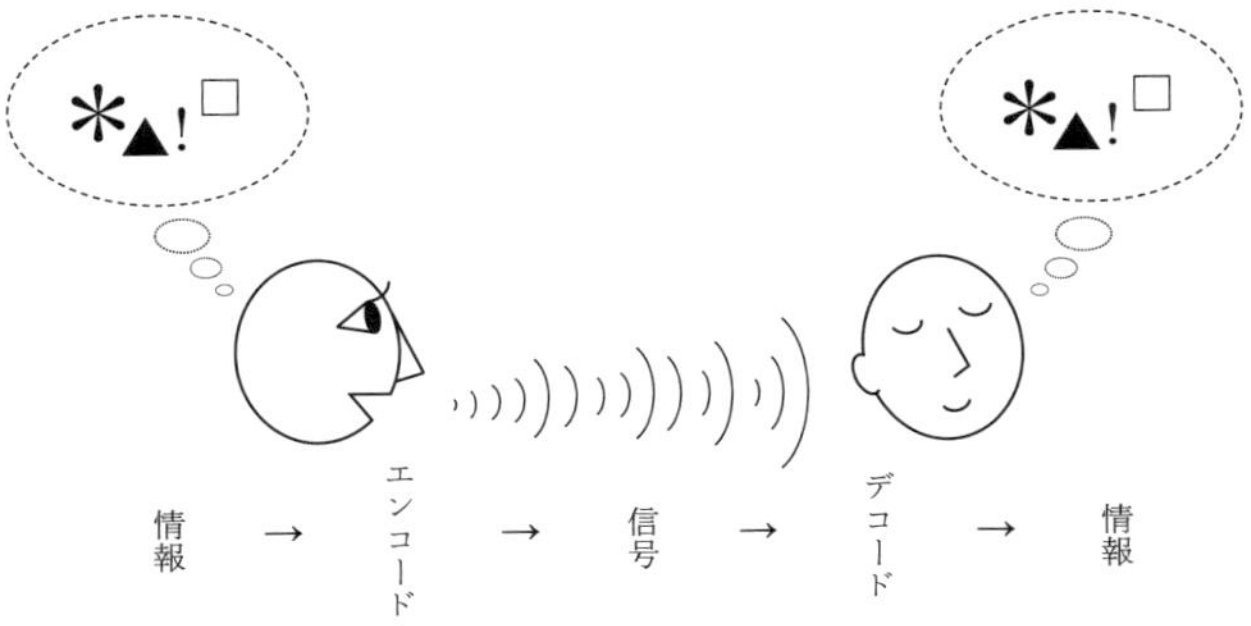

図2

もしれない。それはそれでけっこうなことだが、話の向から先がずれてきていることに気づくだろう。

ここでちょっと確認をしておこう。そもそも言語を用いたコミュニケーションということでわれわれは何を想定すればよいのだろうか。図2に描いたような図式は、シンプルなものだが、それへの答えとして標準的であり、また適切なものであるだろう。それはいわゆる言語的なコミュニケーションのもつ重要な特徴をとらえた図であると言える[4]。

私はこの図を否定したいわけではない。ただ、コミュニケーションそのものは、この図でとらえられるのよりも広い観点から特徴づける必要があるという点を指摘したいだけである。すこし批判的な仕方でいえば、コミュニケーションの本質は、図2で描かれた範囲の外にあるということである。図3は花を贈るケースを図示した（つもりの）ものであるが、それはさまざまな点で図2

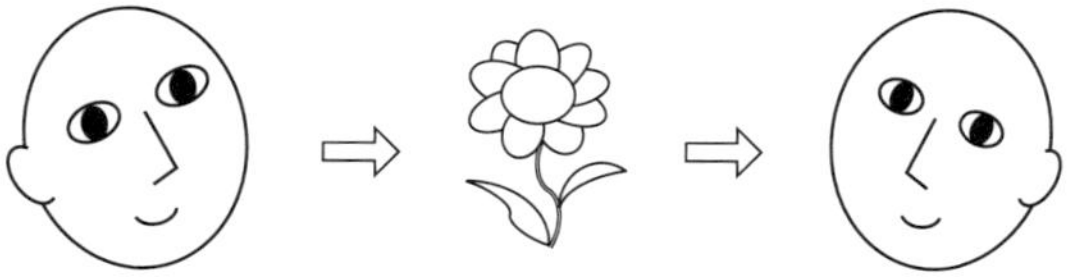

図3

と合致しない。たとえば、図2において、情報の一部である「＊」は、やりとりされる音声信号の適切な部分に対応しているはずである。だが図3においてそのような対応はありえない。図3の花は、すでに示したように、記号化された信号ではまったくない。花が一定の構造をもつにもかかわらずである。[5]

私の寝室の扇風機は、ある回転数に近づくときまって軸の付近からぐろがぐろがっ……という音を出す。もちろん扇風機は私に何かを伝えているわけではない。その特徴的な音は、ある回転数に近づいたことを「意味」しているにもかかわらず、[6]扇風機から私に向けられたメッセージはそこに存在しない。反復される特徴的なパターンは、しかし、ときに秘められたメッセージの重要な徴候である。名探偵は、頻出する同じ絵柄にたとえば「E」の字を割り当てることによって、厄介な人物からのメッセージを発見するかもしれない。扇風機の振動音と踊る人形のいったいどこが違うのだろうか。（ここで唐突に登場する名探偵と踊る人形のエピソードは第四章で取りあげる。）

ところでポーランド人は扇風機ではない。彼らは洗練された複雑な言語を話す。悲しいかな、私はポーランド語が分からない。正確にどこまでが一つの単語かさえ聞き取れない。「3」をどう言うかくらいは知っていてもその子音を発音することが私には難しすぎる。だが、私はワルシャワからクラクフまでの切符を問題なく買うことができる。というのも窓口のポーランド人も私も、一般的にはこれから何をすべきか相互に分かっているからである。すなわち、私は切符を買いに来ているのであり、それは窓口の人物にもとうぜん伝わっているはずである。私がそのような認識でいることもまた相手は知っているだろう……等々。したがってこの状況で必要なのは、あとは、断片的な単語と適切な身振りだけである。いちどに伝わらなくてもよい。失敗したらやりなおせばいいだけだ。それでなんとか目的は遂げられるだろう。もちろん、ここにはすでに膨大な背景の共有がある。列車の搭乗に関する制度だけでなく、指さしの慣習などにも共通する部分がなければならない。私が指さしたとき私の腕の付け根を見つめるような人間が相手だったとしたら、切符の購入はより困難になるにちがいない。さらに、そもそも、互いにコミュニケーション能力をもつ存在者であることを認識しあっているという点も重要であろう。相手の発している音声が正真正銘の言語であるという確信は、その相互認識を決定的に補強する。だがそれでもそのとき、相手の発している言葉の中身を解読し理解している必要はない。断片的なポーランド語の単語すら、日本語で都市名の書かれた地図などがあれば、私は知らなくてよいかもしれない。これもやはり図2では表せないコミュニケーションの例である。

本節の例によって何が示されたのだろうか。まず、具体的ないくつかの事例では、言語による情報の伝達が、まさにコミュニケーションをするために必要とされていないという点である。言語による情報の伝達とは、図2にあるような形のものである。花を贈る例においてもワルシャワで切符を買う例においてもそのような形のものは存在しない。そして実際に、言語による情報の伝達を伴わない事例は非常に多いだろう。

言語運用能力についてはどうだろうか。本節で見たようないわば非言語的なコミュニケーションを行なうために、言語運用能力をすでにもっていることは必要だろうか。つまり、他の場面では言語を使った情報伝達をしているような存在者である必要があるだろうか。たしかにとりわけ異国で切符を買う例などでは、互いに相手がそのような存在者であるという想定は、コミュニケーションを成功させるための重要な鍵となりうるだろう。ただ、一般に、言語運用能力をもつことがコミュニケーションを行なうための必要条件であるということを、以上で示したつもりはない[7]。

3　言語を使うことのすべてがコミュニケーションであるとはかぎらない

ここで視点を変えてみよう。言語の側からすれば、次のように言えるはずである。すなわち、コミュニケーションが言語の唯一の使い途《みち》なのではない、と。ここで私は、自分のための備忘録のようなものを話題にしたいわけではない。他者が関わるケース、つまり他人の心を変えることをめざす行為のケースのなかにさえ、コミュニケーション的ではない言語の重要な使い方があると言いたいのである。

そのような言語の用途も前章の例の一つに暗示されていた。その例とはチョコレートを買う方向に誘導する第二の例のことである。たしかに言語はそこでは本質的に用いられていなかった。しかしながらその言語的変種はいくらでも思いつくだろう。たとえば、特定の単語を混ぜ込むことによって、あるいは話し方の順番を工夫することによって、何らかの印象を抱くように人を仕向けるといったことはよくなされている。誘導の意図はそのとき知られるとむしろ不都合であるようなものだろう。誘導という営みはコミュニケーション的ではない。個々の場面で特定のコミュニケーションに寄生的に乗っかっているかもしれないが、誘導そのものはコミュニケーションではないのである。

より極端な形態は、嘘をつくことである。嘘は、そのそっくり全体が、陳述や報告といったコミュニケーションの偽装である。嘘を嘘たらしめている意図はけっして相手に知られてはならない。したがって「君の猫ならマットの上にいたよ……嘘だけど」といった発話は自己破壊的である。それはちょうど「その場所に行くことを約束しよう……行くつもりはないけれど」

が自己破壊的であるのと同じように、自己破壊的である。[8] 意図によって区別するならば嘘はコミュニケーションではない。[9] 嘘をつくという行為は、コミュニケーションというタイプの行為が存在し、かつわれわれがそれになじんでいるという事実に依存している。嘘それ自体は、コミュニケーションとは別のタイプの行為である。

フィクションを語ることも、私はコミュニケーションと区別したいと考える。それは、思うに、コミュニケーションをしているふりをすることの一種なのである。ただし、嘘の場合と異なり、フィクションを語ろうという意図は通常隠されることがない。フィクションの一節として「ちょうどそのときベルが鳴り、入ってきたのはキューピット氏だった」などと語るとき、語り手の意図が一九世紀末のロンドンで実際に起こった出来事を報告することでないことは、聞き手の側にも周知の事柄である。[10]

さらに微妙なケースをあげたいと思う。あなたの隣に座った予想家が、ある男のほうを見ながら、あなたの耳元で「彼は雨が降るほうに賭ける」と囁《ささや》いたとしよう。予想家は男の仕草から見てとった何かをあなたに伝えたかったのだ。あなたはその意図を理解し、男に注目する。するとしばらくして男は「僕は雨が降るほうに賭ける」と言う。この場合、予想家とあなたのあいだにはコミュニケーションがあった。予想家は自分が気づいたことの報告または他人の行動の予測を行なったのである。では件《くだん》の男は何を行なったのだろうか。男が口にしたことは、予想家の言葉と人称代名詞が異なるだけだが、何かの報告でも予測でもない。男はその言葉で単純に雨が降るほうに賭けているのである。

賭けている男は周囲の誰かとコミュニケーションをしているのだろうか。それに対しては微妙で少々複雑な答え方をする必要がある。たしかに男は、賭けたことを周囲に知ってもらうつもりだった。勝ったときに報酬を得るためそれが必要に思われたからだ。周囲に知らしめることはもちろん重要だろう。しかしそれは「僕は雨が降るほうに賭ける」という発言において行なっていることの本体ではない。発言の眼目はあくまで賭けることそのものであり、発言内容を知らせることは付属的な要件にすぎない。たとえば、誰も彼の発言を聞いていなかったとする。雨が降り、彼は勝利を主張し、監視カメラの映像の再生を要求する。口の形から彼が「僕は雨が降るほうに賭ける」と言っていたことが判明する。これは、賭けていたことがあとから判明するケースである。つまり、周囲による認知は賭けの報酬を得る過程に入るための要件なのであり、賭けの生起の要件ではない。あるいは次のケースを考えることもできる。男は、雨が降るほうに賭けるつもりだったが、舌がもつれ、「僕は雨が降らないほうに賭ける」と言ってしまった。そして、雨は降らず、男は報酬を手にした。その場合、彼は自分の発言で賭けることに成功し、勝利さえしているが、意図を伝えることには失敗している。つまり、賭けという行為の成立にとって必要なのは、意図を伝えることではなく、適切な言葉を口にすることとなのである。

それ自体が賭けをすることであるような「僕は雨が降るほうに賭ける」という発言は、その本質的な部分が、コミュニケーション的な行為とは区別されるタイプの行為である。それはまさに言葉を使って賭けることなのである。言葉を使って挨拶することや謝罪することについても類似の指摘ができるかもしれない。挨拶や謝罪が相手に伝わることはむろん重要であるが、それは挨拶や謝罪の生起とはまた別の事柄であると論じうるだろう。

言語を使って何かをなすという一般的な観点——哲学者たちはそれを「言語行為論」的観点と呼ぶ——からすれば、コミュニケーションは、言語的な行為のさまざまなタイプのうちのあくまで一つにすぎないと言えるだろう[11]。

4　まとめ

この章では、行為とコミュニケーションと言語のあいだの関係について、次の三つの点を確認した。すなわち、行為として見た場合コミュニケーションはわれわれがなしうることのうちのごく一部にすぎないということ、そして、個々のコミュニケーションにとって言語は必要不可欠なものではないということ、さらに、コミュニケーションは言語の唯一の使い途でもないということである。

（1）スタニスワフ・レム『ソラリス』（一九六一）。「根底的に異質で理解不可能な知性」という観念には魅力的なところがある。しかし、その観念自体がどれだけ整合的かについて疑ってみる価値はあるだろう（その問題について考えるにあたっては、デイヴィドソンの有名な論文「概念枠という考えそのものについて」（一九七四）が明快なヒントを与えてくれる）。

（2）フェルディナン・シュヴァルの宮殿については、岡谷公二『郵便配達夫シュヴァルの理想宮』（一九九二）を見られたい。シュヴァルは長い年月をかけ、たった一人で巨大な石の宮殿を作りあげた。

（3）本書の言う「言語」の諸特徴は最終章の第四章でより詳しく記述する。

（4）重要な要素を省いてはあるが、図2はいわゆる「シャノン＝ウィーバー・モデル」に似ている。あるいはそれに基づいているように見える。二点、注釈を述べておきたい。まずそれは、典型的な情報伝達のモデルとして（たとえ図2のような部分的なものであっても）適切であり、啓発的である。第二に、彼らのモデルが、日常われわれの行なう「コミュニケーション」のすべてには合致しないからといって、彼らを批判するのはお門違いである。すくなくともクロード・シャノンの意図がそこになかったことは明らかである。

（5）図3を図2に近づけて理解するために「文脈情報」という言葉を持ち出すのは得策ではないだろう。第一に、そこで「文脈」が何を指すのかが明確ではない。ある単語がはめ込まれている文全体や、ある文の前後に登場する他の文のことを「文脈」と言うのなら分かる。それらはもちろん言語であり、情報をもつだろう。またそれらが一つの単語や一つの文の解釈を左右しうることもわれわれは知っている。だが図3のケースで、そうした別の言葉が前後に与えられるとはかぎらない。第二の問題点は次のようなものである。ここで言う「文脈」とは、贈り主の人となりや、贈り主と受け取り手の関係、文化的慣習といったものを曖昧に指すことを意図した言葉なのであろう。しかしそうしたものが文字通り「情報」をもっているかどうかは定かでない。つまりそこから、図2で示されているような意味での情報が取り出せるのかどうかは、まったく定かでないのである。そして第三に、かりにそうした曖昧な意味での「文脈」から、文字通りの情報を取り出しうるとしても、それが図2に示されたような形で搬送されるとは考えにくい。「文脈情報」は便利な言葉であるが、便利であるからこそ、節度を守った使用が望まれる。

(6) この意味における「意味する」は次章の最初で区別する。

(7) 心理学者のマイケル・トマセロによる乳児の発達に関する諸研究は、むしろ後者が前者の必要条件であることを示唆しているようにも見える(『心とことばの起源を探る』(二〇〇一)、第三章)。この論点に関しては、哲学を超えた豊かな研究領域が存在するが、ここでそれらに触れることはできない。

(8) ジョン・オースティンによれば、破るつもりでなされる約束や、偽だと信じつつなされる陳述や報告は、いずれも「不誠実」である。不誠実さは適切さの欠如(真理性の欠如ではなく)の一形態である。さらに、その不誠実さを自ら暴露するような発話は「自己破壊的」である。オースティンの『言語と行為』(一九六二)の第四講を参照されたい。なお、本文に例示した発話が、報告や約束として自己破壊的であるだけでなく、嘘の報告や偽りの約束としても自己破壊的である点に注意してほしい。それらによってはまともに嘘をつくことも人を騙すこともできないのだ。

(9) もちろん出来事としては、特定の場面での一つの発話行為が、コミュニケーションの一部であると同時に嘘をつくことでもあるということはあるだろう。

(10) フィクションを語ることは、言葉による誘導や嘘よりもさらに、コミュニケーションからかけ離れている。そこではコミュニケーションがまったく含まれないことが可能である（つまりそれは特定の場面のコミュニケーションに寄生していない）。フィクションを語ることは、私の考えでは、真でないことが周知であるような文を、メッセージとしてではなく、相手に（典型的には）楽しんでもらうための道具として、提示することなのである。それはむしろお気に入りのパズルを相手の目の前に並べることに似ている。

(11) 報告や陳述や記述は、平叙文を使ってわれわれができることのあくまで一部にすぎない。この点を記念碑的な著作『言語と行為』において啓発的に示したのは、前のほうの注で触れたオースティンである。彼は一貫して言語活動を行為という観点からとらえようとしており、その仕事は、慣習や意図といった関連するトピックとともに、後のジョン・サールによる言語行為論としての体系化などにもつながることになる。

第三章　「意味」といわゆるメタメッセージ

1　「意味する」という謎めいた関係

前章の議論は、コミュニケーションというものの価値を相対的に低めるものに映ったかもしれない。そのようなトーンがもしあったとしたら、それはきっと私が、かりに人の話にまったく入っていけないとしてもそれで「人生おしまい」というわけではないということを強調したかったからである。死ぬまでにできることはほかにいくらでもある。もちろん、そうした価値の話を抜きにしても、言語や行為といったもののあいだのコミュニケーションの位置づけは、まさにああしたものだと私は考えているのだが。

とはいえ、コミュニケーションは大事である。本書に描かれた意味でのコミュニケーションの能力は、人間的な知性を象徴する能力であるとさえ思う（ただし何度でも言うがそれは人間的な知性を象徴する唯一の能力ではない）。本書が規定する「コミュニケーション」とはどのようなものだろうか。第一章では次のように述べた。すなわち、コミュニケーションはメッセージを送るという行為を本質的に含み、そして、その種の行為は特定の構造をもつ意図によって特徴づけられる。

コミュニケーション的な意図の第一章の特徴づけは、二十世紀の言語哲学者ポール・グライスの考えに基づいている。一点、重要なところが彼の最初期のものと異なっているのだが、それについては次節の後半以降で見る。ともかくまずは、グライスがどういった文脈であのような意図概念を考えていたのかという点から、説明していきたい。

「意味する」という謎めいた関係について考えよう。それはたしかに関係の一種であり、典型的には何かがそれ以外の何かを意味するという二項関係だと思われる。何かが何かを「意味する」というと、前者が後者に作用しているかのように聞こえるかもしれない。だがそこに力の伝播があるわけではない。適切な文脈で「アルデバラン！」と私が口にしたなら、その語は何十光年も離れた牡牛座のα星を即座に意味するだろう。意味の「作用」が光速を超えるのは、もちろん、そこにおいて伝わるものが未知の精神エネルギーだからではない。私は「クリミア戦争」の語を用いて過去の戦争を意味することさえできる。

したがって、語そのものに、何かを意味する内在的な力があるわけではない。そのような力はそもそも必要ない。意味することとは力を文字通り及ぼすことではないのだから。そうすると、何が「意味する」という関係を構成するのか（成立させているのか）が謎めいてくる。話者の「意図」や、言語共同体の「慣習」が、それに対しておそらく自然に思いつく答えであろう。哲学の伝統のなかでも、それら二つは主要な考え方のパターンを形成している。そしてそれらは日常言語においても、人を主語にとる場合と語を主語にとる場合の二つの「意味する」の用法に対応している。

グライスはしかしそれよりすこし広いところから議論を始める。(1) 彼は、意味することにはさらに、自然的な仕方と非自然的な仕方とがあると指摘する。「自然的な意味」は、右で素描したような人間的で言語的な「意味」とは疎遠な、もう一つの「意味」の概念である。用語は耳慣れないかもしれないが、自然的な意味はわれわれにとっておなじみのものである。つまりわれわれは、赤い頬がリンゴ病への罹患《りかん》を意味すると考えたり、頻繁なまばたきが嘘をついていることを示すと考えたりする。

何かが何かを自然的に意味するという関係は、すくなくとも部分的には、因果関係によって説明できそうである。その関係が成立するのは、後者が前者の原因であるか、両者が共通の原因をもっている場合だろう。もちろんこの場合でも「意味する」と考えるのはわれわれである。だからこそ「医者にとって赤い頬はリンゴ病への罹患を意味するが、多くの親にとってそうではない」という表現も意味をもつ。その場合の「医者にとって意味する」とは「意味することを医者なら理解する」の省略形であろう。その理解はあるタイプの推論である。すなわちそれは、目の前の結果をもたらしている背景を言い当てる推論である。そうした推論は演繹的《ディダクティブ》なものではない。それは必然的な含意を導き出す操作ではない。赤い頬は（あまりありそうにないことだが）じつはアトピー性皮膚炎によるものかもしれない。その可能性はゼロではない。しかしこの場合、リンゴ病が当該の症状をもたらしていると考えるのが適切であるだろう。アトピー性皮膚炎できれいにこのような外貌になることは珍しいからだ。とはいえ、頬がこのように赤いことから、リンゴ病に罹患しているということが帰結するわけではない。それゆえ、自然的に意味するというのは、「xが9の倍数であることはxが3の倍数であることを意味する」などにおける「意味する」ともまた別種のものである（そして後者の「意味する」はここで取りあげたい非自然的な「意味する」ともまた別種のものである）。自然的な意味は、おそらくアブダクションによってたどり着かれるものである。「アブダクション」という専門用語が出てきたが、アブダクションについては、その概念が再登場する最終節で説明しよう。

さて、本書で注目したいのは、非自然的な「意味」である。最初に謎めいた関係と述べたあの「意味する」である。じつのところ、非自然的な意味は言語のみがもつものではない。「アルデバラン」や「クリミア戦争」のようなあからさまに言葉であるもののみが、何かを非自然的に意味するわけではない。たとえばエレベーターのある種のブザーは、定員オーバーを意味する。子供に説明するときのように、そのブザーは「乗りすぎ！　このままではドアが閉まらないよ」と告げていると述べることもできるだろう。

ブザーのもつそうした意味は自然的なものではない。違いがはっきりするのは「誤作動」のケースである。誤作動したブザーは、単に紛らわしいだけでなく、誤って定員オーバーを告げている。つまりそのブザーは、定員オーバーでないときに鳴った場合も、定員オーバーを意味しており、だからこそ誤作動なのである。実際に成り立っていないことを意味しうるということの特徴は、「事実含意的《ファクティブ》でない」という用語で表現される。すなわち非自然的な「意味する」は事実含意的な述語ではない[2]。他方、自然的な「意味する」は事実含意的である。特定の赤い頬がリンゴ病への罹患を意味しているということからは、事実リンゴ病に罹《かか》っているということが導き出される。つまり、もし罹患していなかったとすれば、あの赤い頬はリンゴ病への罹患を意味していなかったのだという話になる。以上はもちろん「意味する」という語の意味の問題である。その含意に関わる特性の違いから、「意味する」には、すくなくとも二つの異なる意味があるというわけである。

ブザーは言語ではない。それは「ブー」という均質な持続音にすぎない。もちろん、ここではブザーが〝言葉〟になっているのだと言いたい人もいるだろう。よろしい。もしそう言うのであれば、問題は、何がブザーを〝言葉〟にしているのかである。

2 グライスの「意味」の定義をめぐって

「意図」の概念が持ち出されるのはここである。グライスは「非自然的な意味（non-natural

meaning)」を独特な意図の構造によって定義する。行為者が何かによって何かを非自然的に意味する場面では、次のような複合的な意図が見いだされるとグライスは考える。

［ＮＮＭ］行為者ｘは、ϕをもたらすことによって受け手ｙにψがもたらされることを意図しており、しかも、その意図をｙが認識することによってこそψがｙにもたらされるということをも意図している。[3]

そして、このような意図をもつ行為が、彼によれば、何かを非自然的に意味するという行為にほかならないのである。［ＮＮＭ］はきわめて一般的な形をしている。メッセージなどの非自然的な意味の媒体は「ϕ」によって表現される。非自然的な意味の内容は、受け手にもたらされる「ψ」のなかで表現されることになる。意味の担い手（「メッセージ」）を、ϕをもたらすという行為そのものと見るか、あるいはその行為に本質的に含まれる物体（花やビープ音のような）と見なすかは、どちらでもよいだろう。グライスも二通りの語り方を考慮している。意味が、受け手にもたらされる結果ψによって一般的に定義されるおかげで、［ＮＮＭ］は幅広いタイプの言語行為を覆うことになる。つまり、事実の報告や記述としてなされるコミュニケーションだけでなく、依頼や命令、警告、質問といったさまざまなタイプのコミュニケーショ

ン的行為をも、それは適切に特徴づけることができる。(4)

すぐに気づかれるだろうが、［NNM］は「非自然的な意味」だけでなく「メッセージ」や「コミュニケーション」の本質的な特徴づけにもなっている。具体例で見てみよう。まず［NNM］の「しかも」の前の部分は行為のおなじみの形式を表現している。たとえば王様は城壁を赤く塗ることによって国民を驚かしてやろうと思うかもしれない。城壁が赤くなること（ϕ）で国民（y）が驚く（ψ）というのが王様の意図したことなのだから、これは［NNM］の前半部分にあてはまる。しかし［NNM］の後半部分にあてはまるような意図を王様はもっていない。国民は城壁の予想外の赤さに驚くだろうが、王様の意図は分からないだろう。この赤さは、王様の趣味によるものなのか、たまたま調達できた建材がこれだったためか、見当もつかない。だが王様にとってはそれでかまわない。とにかく国民が驚きさえすればよいのだ。

つまり、赤い城壁は国民を驚かすための道具にすぎず、国民へ向けてのメッセージではない。ϕを構成するものがメッセージになるために必要なのは、すなわちそれが非自然的な意味をもつために必要なのは、［NNM］の後半で定義される意図である。後半部分には、二つの行為者の意図があげられている。一つは、自分の第一の（つまり［NNM］の前半に示された）意図を受け手に認識してもらおうという意図である。もう一つは、それによって（つまり第一の意図を認識してもらうことによって）はじめて、第一の意図が達成される（つまり狙った効果ψが受け手にもたらされる）ようにしようとする意図である。複雑な説明に聞こえるかもしれないが、説明されているのは理解しやすいおなじみの事態である。ようするに、花によって感謝の気持ちを伝えるには、その花に込められた意味を理解してもらう必要がある。それだけの話である。赤い城壁とトルコキキョウとの違いはそこであり、それは誰でも直観的に把握可能であるだろう。その違いを一般的に定式化するなら、［NNM］の後半が満たされるかどうかの違いになるということである。

［NNM］の後半で言われる意図のうち、最初のもののみが満たされるケースはあるだろうか。もちろんある。そのようなケースにおいてxは、φをもたらすことによってyにψがもたらされることを意図し、また、その意図をyに認識してもらうことを意図している。そしてそれ以上の複雑な意図はない。第一章の中ほどに出てきた例、来客のためにエントランスに花を飾る例を思い出してほしい。例の人物は、花を飾ることで来客の気分を明るくすることを意図し、そのついでに、その意図と効果に気づいてもらうことによってある種の自己主張を行なおうとしていた。このケースでは二つの意図は独立した源泉をもつ。それゆえ第一の意図の達成は第二の意図の達成に依存しない。むしろ後者のために前者が必要なくらいだ。グライス自身は、ひょっとするとより分かりにくいかもしれない別種の例をあげている。彼があげているのは、子供が、助けてもらうために、発熱した赤い顔を母親に見せるといったケースである。そ

のとき子供は、助けてもらうことを自分が意図していることを母親に気づかれることをも（いちおう）意図しうるだろう。だがその場合でも、発熱した赤い顔は発熱を自然的に意味してしまうため、高階の第二の意図の達成は、第一の意図の達成のためには必要とされえない。母親は、子供がどう思っているかとは関係なく、発熱した子供の顔を見たら対応してしまうはずだ。子供もそれは承知している。

非自然的な意味のグライスによる定義をめぐってはいくつかの専門的な議論があった。それらを踏まえて、［ＮＮＭ］は次のように改訂するのがよいと私は思う。

［ＮＮＭ＋］行為者ｘは、ϕをもたらすことによって受け手ｙにψがもたらされることを意図しており、しかも、その意図をｙが認識することによって、さらに、いま述べているこの意図自体をもｙが認識することによって、ψがはじめてｙにもたらされることをも意図している。

この［ＮＮＭ＋］は［ＮＮＭ］より強くなっている。第一章で「メッセージ」を特徴づけたときのように、問題の意図が自己指示的な内容をもつことが、明示されている。

［ＮＮＭ＋］への強化はピーター・ストローソンが指摘した自然な反例[5]を排除するのに役立

つだろう。自然であるとはいえその反例はそこそこ複雑であり、またストローソンはかなり抽象的な形で例を記述しているので、以下で、私が脚色を施して（かえって分かりにくくなっていなければよいのだが）その反例を紹介することにしよう。

A氏がB氏に重大なことを知らせようとしている。たとえば誰が真犯人かといったことを。A氏は、真犯人を示す「証拠」を、B氏の目が届く範囲にさりげなく配置する。A氏のそのやり方は変則的だが、ここまではまあ分かる話だろう。A氏は誰かをはめようとしているわけではない。A氏は実際に真犯人を知っていて、B氏に知らせようとしているのである。ただ、何らかの制約があって、B氏に直接伝えることができないのだ。さて、ここから話が複雑になる。じつはB氏はA氏が「証拠」を配置するのを陰から見てしまっていた。しかしそのおかげでむしろB氏は、問題の人物が真犯人だと思うようになる。なぜならB氏は、A氏がこのようにせざるをえなかった事情を推測し、また、あのA氏がここまでしている以上、実際A氏は真犯人に気づき、なんとかこちらもそれに気づくよう画策しているにちがいないと解釈したからである。だが話はここで終わらない。じつはもう一段複雑である。以上に述べたことはすべてA氏の想定内だったのだ。つまりすべてはA氏が意図したとおりのことだったのである。A氏は、B氏に陰から見られていることにも気づいていた。またそのさい、見られていることをA氏は知らないとB氏が思い込むだろうということも、想定していた。つまりA氏は「証拠」をこっそりと置いたのではなく、いかにもこっそりと置くかのような演技をＢ氏に対して行ないつつ置いていたのである。自分の行為を見ることで、自分をよく知るＢ氏がいろいろと考え、きっと真犯人に関する信念をもつようになるだろうという予想を立て、Ａ氏は、それに沿った行動に出ていたわけである。

　要点を整理するとこうなる。第一に、右の例においてＡ氏がＢ氏にメッセージを送っているとは言いがたい（むしろコミュニケーションをとってはならないという制約があったからこそのＡ氏の作戦である）。これは複雑な誘導のケースである。しかし第二に、行為におけるＡ氏の意図は「ＮＮＭ」の規準を満たしてしまっている。第二の点について確認しよう。まず一つめに、Ａ氏は行為によってＢ氏に変化がもたらされることを意図している。真犯人についての確信をもつという変化である。二つめに、そのような意図にＢ氏が気づくことをも意図している。真犯人に気づかせようとしているとＢ氏が受けとるであろう行為を、Ｂ氏にあえて見せることによってである。三つめとして、いまの二つめの意図の達成が、この状況では、一つめの意図の達成の鍵を握っている。設定上、あのような回りくどい仕方で「証拠」の配置を見せつけることによってしか、Ｂ氏に真犯人を伝えられない状況なのである。

　この例の逸脱的なところは、前段落の二つめの意図に関わる部分にある。Ａ氏は二つめの意図をＢ氏に知らしめることは意図していない。いや、むしろその意図は隠したいはずだ。見られていることにA氏は気づいていないとB氏に思わせておいたほうが、計画の遂行上おそらく都合がよいからである。

［NNM＋］は、［NNM］と異なり、そのような逸脱を排除する。(6)［NNM＋］においては、一つめの意図の達成に必要なあらゆる意図が、隠されることなく明るみに出ることが意図されている。

3　自己指示性と態度の無限の階層

ややこしい話ばかりで申しわけないが、もう一点、理論的な確認をしておきたい。そもそも「意図」とは何かということにも関わる重要な確認である。

前節の［NNM＋］の定義は自己指示的である。もし［NNM＋］によって規定される意図を具体的に語っていくとしたら、無限に続く意図内容の記述が生成されることになるだろう。出力が入力に戻される回路が発振しつづけるのと同じ事態である。もちろん実際にそうしたプロセスが永遠に続くわけではない。寿命も電池もいつかは切れる。これは単に、ある仕方で展開すれば無限に続く系列の文として表現できるような特定の内容の意図をもつというだけの話である。ある仕方での動作の記述が永遠性を含むような回路であるということと変わらない。いずれにしても、反復のパターンは単純であり、「以上の意図が認識されることをも意図している」という節が加わりつづけるだけである。定義で「……以下繰り返し」という文言を避けたいならまさに「NNM＋」のような形にすればよい。

われわれがこうした種類の心の状態になりうるということ自体に何ら不思議な点はない。「両想い」または「相思相愛」といった関係をどのように定義しうるか考えてみてほしい。それらの状態がまず相互的であることはまちがいない。ただし「向かいあう」のような単なる相互的関係とは異なっている。あなたが誰かと向かいあうには、あなたは誰かのほうを向き、その誰かもあなたのほうを向けば十分である。ところがあなたと誰かが相互に相手のことを想っていたとしても、はがゆいことに、それだけでは両想いの関係になれない。というのも、双方とも自分は片想いをしていると思っているかもしれないからだ。両想いの関係になるには、相手も自分のことを想ってくれているということを互いに知らなければならない。だが、それでもまだ十分ではない。それにくわえて自分の想いが相手に伝わっているということをも知っていなければならないからである。さらに、その点に関して（つまり相手に想いが伝わっているかどうかに関して）もし相手の側は確信がもてないでいるのだとしたら都合が悪いだろう。それゆえ、そうではなくてあなたにちゃんと想いが伝わっていることを相手は知っているのだということを、あなたも知っておく必要がある。そのようにして以下無限に必要条件があげられることになる。

何が起こっているのだろうか。パターンの繰り返しは記号化したほうが構造が見やすいので、記号化しよう。一般に、xのyに対する一方向的な想いを「L(x,y)」と表すことにする。また、xがある事柄(pで代表しよう)を知っているという状態を「$K_x(p)$」と表すことにする。そうすると、xがyと両想いの関係にある(これは「ML(x,y)」とでも表記しよう)ことは、前段落の記述に沿うなら、

[1] $L(x,y) \mathbin{\&} K_x(L(y,x)) \mathbin{\&} K_x(K_y(L(x,y))) \mathbin{\&} K_x(K_y(K_x(L(y,x)))) \mathbin{\&} \ldots$

という無限に続く連言で表現されることになる。このような無限の反復や態度の重層性は、われわれに災いをもたらすものだろうか。たとえばこれは、誰とも両想いになれないということを意味するのだろうか。そんなことはない。現にこの世界は愛に溢れているではないか。[7]

この事態は理論家にとっても厄介なものではない。xがyと両想いの関係にあることを次のように定義すれば、[1]の系列は適切に導出されるからである。

[ML] $ML(x,y) =_{df.} L(x,y) \mathbin{\&} K_x(ML(y,x))$

この［ML］は循環的であり、それゆえこれもまた出力が入力につながった回路と似た機能をもつ。もしも知識に関するとうぜん認めてよさそうな規則を一つ前提にすれば、［ML］からは、［1］にあるような、両想いの関係の特定に関与する態度の記述を、好きなだけ引き出すことができる。(8)［ML］では両想いの関係の片側（xの側から見た両想いの関係）しか定義されていないが、ML（x, y）が対称的な関係であることは容易に証明できるだろう。

これは目新しい結論ではない。まさに以上のように定義しうる心の状態や関係があることを人類はおそらく紀元前から知っていた。たとえばアリストテレスは『ニコマコス倫理学』のなかで、愛《フイリア》が単なる相互的好意でないことを指摘している。彼は「相手に気づかれていないことなく」という条件を加えることを提案し、さらに「互いの人に自分がどう受け止められているか」に気づいていることをもその必要条件と見なしている。曖昧な部分はあるものの、もしここで、気づかれる必要がある、そして気づく必要があるとされている心の状態が、定義すべき愛《フイリア》そのものをそれぞれの側で構成するものだと解釈できるなら、このアリストテレスの定義は［ML］にきわめて近いものになる。(9)

4　意図はオムレツのような物体なのだろうか

ところで、以上で説明したような心の状態は現実的ではない、もしくは、パラドキシカルだと示唆する議論がこれまでにあった。[10] ほかならぬグライスが、そうした結論を甘受しかけているようにも見える。[11] 問題とされるのはきまって「無限」である。一方、私としては、人が上述の仕方で定義される態度をもちうることはほとんど自明に思えるので、それができないとする議論の誤りの源を示さなければならない。

一つには、意図や知識といった態度とそれらのある形での顕在化とが混同されているのかもしれない。たしかに「いっぺんに無限個のオムレツを作ること」はできない。それどころか、もしオムレツの喩《たと》えを続けてよいなら、それは一回ごとにすこしずつ大きくなっていくので、数十個作ったところでフライパンにのらなくなるのは明らかである。なら事態はいっそう悪い。しかし、この比喩は適切でない。誰かにメッセージを送るまさにそのときに、われわれは「NNM+」を用いて導出できるような意図の系列を意識する必要はない。それらのすべてを意識に顕在化させ、内容の一つ一つを実感しながら、身体を動かすわけではない。メッセージを理解するときも同様である。相手の意図の「NNM+」が導き出すような系列のすべてを、受け手は心の中で確認していくわけではない。[12] 意図の形成も、意図の理解も、意図の内容を意識へと顕在化させることではない。つまりオムレツを作ることなど要求されていないのである。もちろん、意図を意識に上らせて確認することはできる。コミュニケーションに特有の意図をもである。そのためには「この花はメッセージなのだな」などと心の中でつぶやけば十分である。

態度をもつことと態度を顕在化させることとの混同のほかに、態度の実体化《ハイポスタティゼーション》が起こっているかもしれない。博識な人を大きな図書館に喩えるのは理解できる。その人の知っていることを書いていけば、非常に長い文の系列になるからである。理解可能な比喩ではあるが、真に受けるべきでない部分もある。人間は、知識や情報を、頭の中に一文ずつ刻んでいくわけではない。もしそうなら博識な人の頭はほんとうに大きくなければならないだろう。だがそんな傾向はない。同様に、欲望の多い人の頭もとくに大きくはない。意図についても同じである。ある人のもつ意図の内容が無限に続く文の系列として特定可能だとしても、その意図をもつために無限の収納スペースが必要となることはない。

意図は、あるいは一般に態度は、世界に対する構えの一種である。構えをもつとは、ある適切な条件のもとで関連する反応を示すことである。[13] そしてその意味での「構え」ならハサミにもある。正しい場所に紙を置き正しい部分に力を加えたらハサミは紙を切断するだろう。二千度の熱を加えればハサミは溶けるだろう。床に落とせばカンッという音を出すだろう。酸に浸けると水素を発生させるだろう。電気を通すだろう。磁石に付くだろう。この鞘に収まるだろう……。これらはようするにハサミのもつ傾向性である。一つのハサミが無限の数の傾向性をもつことにパラドックスを感じる者はいないはずだ。傾向性の顕在化を傾向性そのものと混同したり、一つのハサミの傾向性を表すあらゆる条件文がそのハサミの表面に刻印されていなければならないとでも考えたりしないかぎり、この「無限」に厄介な点は何もないのである。[14]

5 メタメッセージと会話の含み

この章はすでにかなり長くなっているが、すこし話題を切りかえて、残りの二節で、ここまでに見たグライス風のアイデアと道具立てが、われわれにとっておなじみのある現象のメカニズムを解明するのに役立つことを、確認したいと思う。

そのおなじみの現象とは、「メタコミュニケーション」や「メタメッセージ」などと俗に言われる[15]現象である。グライスによるアイデアとしてよく知られたものに、じつはもう一つ、「含み」の概念がある。[16]「含み」の概念が直接的にそれらおなじみの現象を説明してくれるだろう。したがってこの節では、ここまでの話を「含み」の話へとつなげたい。もちろんこの短い節での私の解説は単純化されたものである。会話の含みの概念は「メタコミュニケーション」や「メタメッセージ」と呼ばれうるもののすべてを説明するわけではないし（それらの語はとても多義的であるから）、逆に、会話の含みとして説明できるものがそれらにとどまるわけでもない。また私は、本書の精神に則って、もっぱら行為論的な観点からその解説を行なうつもりでいる。

字義通りに受けとってはいけないとされる発言がある。隠喩がその典型であろう。皮肉などもそうだ。たとえば、友人の新作の出来をCさんに尋ねたとしよう。ここのところ友人の作風は迷走しているように感じられるからである。Cさんの答えは「いやもうすばらしい」というものだった。

Cさんの発言は皮肉や反語のたぐいと受けとるべきである。なぜなら、友人の作品は今回も誰が見てもぱっとしないものだからだ。Cさんが間違っていないことも明らかである。Cさんの評価はいつも的確であるから。つまりCさんはわざと事実（と思っていること）と正反対のことを述べたのである。それによってきっとCさんは、ある種の救いようのなさを表現したかったのだろう。すなわち、具体的な批評をしてももはや意味がないところにまで来てしまったということを伝えたかったのだろう。直截的な表現を避けたのは、聞き手の友人である人物に配慮したからかもしれない。あるいは逆に、匙《さじ》を投げた感じを演出して、いかに不出来と思うかを強調したかったのかもしれない。そうしたさらなる意図がどのようなものであるかは、発言時のCさんの仕草や表情、口調、それまでに知られているCさんの人柄などが教えてくれることもある。

Cさんの発言の含みは、問題の友人の新作がどうしようもなく不出来だといったことである。「すばらしい」と口に出して言ってはいるものの、伝えたい内容はそちらだと考えるのが自然だろう。その内容を主として伝えているのはCさんの発言である。しかし、Cさんが口にしたことを辞書や文法書に従って解読《デコード》しても、最終的に伝えたいその内容が出てくるわけではない。含みであるその内容をCさんの発言が意味しているのは、まさに、［NNM＋］によって定義されるような仕方においてである。前段落で素描したような解釈を行なうとき、聞き手は、目の前の話者が自分に何をしたいのかを推測している。そして、この突出した発言（またそれに付随した仕草や表情）によって、最終的に自分にある心的効果を及ぼそうとしているのだ、と理解するわけである。

この形のコミュニケーションを行なうためには、非常に多くの前提が必要となる。まず、話題の対象である聞き手の友人について、とりわけその人物の最近の迷走ぶりについて、Cさんと聞き手とのあいだにある程度の共通認識がなければならない。また、Cさんの評価の精度についても互いに知っている必要がある。つまり、単にCさんが分からなくて高評価をしてしまっていると取られないことが重要である。さらに、こうした回りくどい伝え方が聞き手に通じるとCさんが思っているということも、共通の認識になっているべきである。ほかにも必要とされる前提はあるだろう。

前章の図2（33頁）をもういちど見てほしい。いま注目しているような会話の含みが、その図式を超え出ていることは明らかだと思う。もっとも、聞き手は、解釈のどこかの段階で、「すばらしい」がすばらしいことを（字義通りにまたは第一に）意味するという事実を利用しなければならないと言われるかもしれない[17]。それはそのとおりであろうが、ここで注目したいのは、その段階を含むもうすこし広い範囲の「意味」の現象である。

Dさんと E さんと F さんがいて、G さんの話題になったとしよう。D さんが G さんの近況について E さんに話しはじめたとき、F さんが一瞬 D さんのほうを見て軽く咳払《せきばら》いをしたとする。おそらくこれだけで、F さんは「その話を E にするのはまずい」ということを D さんだけに伝えることに成功しうるだろう。もちろんこれを会話の含みと呼ぶのには抵抗があるかもしれない。だが共通の伝達のメカニズムがここにもある。

6 含みのメカニズム（行為論的な観点から）

グライスが言語の哲学と科学に対してなした数多くの貢献の一つは、会話の含みが伝わる詳細で統一的な〝メカニズム〟の記述を提案したことである。グライスのアイデアは自然なものであり、そして冴《さ》えている。概説的になるが、以下ではおもに三つの点を強調しながら彼のアイデアを紹介したい。

聞き手が前述の C さんの言葉のなかに反語的なものを見てとるきっかけは一般にどのようなものだろうか。それはきっと、その発言に接した瞬間に感じる違和感のようなものだろう。「え？」というあの感じである。それは、すこし分析的に見るなら、友人の新作のどこがどのようにどれくらい悪いかといったコメントを期待していたところ、逆に、褒めるようなことを言われたという驚きとして表現できる。そしてそれはある種の逸脱に対する気づきでもある。というのも、ほぼ同時に来るのは、Cさんが思っていることと正反対のことを言っているという気づきだからである。それが逸脱への気づきであるのは、いまのような会話のやりとりにおいてCさんは普通はとうぜん思ったことを正直に口にするはずだと期待されるからである。そうした通常の流れからCさんは外れているように見える。Cさんは、ある種の誠実さに関する規範から逸脱しているように見えるのである。

理解のための重要なステップがもう一つあり、それは、Cさんの逸脱がわざとであるという結論を得ることである。その結論は、Cさんが、逸脱しない能力を十分にもつということ、そして、あくまで会話の趣旨に沿った何かを伝えようとしているということを前提にして、導き出される。そうして多くの場合、あえて逸脱的方法を選んだ理由をも考慮しつつ、伝えられるべき内容の全体が推測されるのである（たとえば「ひどすぎてコメントしようがないことを私に伝えたくてあんな表現をしたのだとしたら納得がいく」等々）。

もちろん、右のような解釈のプロセスが右のような順序でつねに意識されているなどと言いたいわけではない。ただ、なぜCさんの言葉を字義通りに取ってはならないかに対する答えとして、聞き手は、右のような推論を構成して見せることができるだろう。同様に、Cさんが逸脱しているとされる規範もつねに意識されるものではない。そもそも、多くの規範は逸脱によってはじめて意識されるものである。そうした規範にはいくつもの種類がある。第二の例でいえば、Fさんは咳払いをする代わりに唐突に話題を変えてもよかった。もしくはDさんの言葉をいそいで引き継ぎ、Eさんについてそっけなく内容の乏しいことを語ってもよかった。つまりFさんは、話題の関連性や、情報量の十全性に関する規範を破ることもできたのである。いずれの方法によっても、この話題はまずいのだということをDさんに伝えることに成功しえただろう。

ここでは規範が利用（exploit）されている。すなわち、本来は目的のために遵守すべき規範にあえて反することにより、見方によってはいっそう効果的な仕方で、目的を達成しているのである。われわれはコミュニケーションにおいて、規範に沿った標準的な方法のほかに、そこからあえて逸脱するいわば「裏技」的な方法をもつ。しかもそうした方法をとる理由もその時々でもっている。これが強調したい第一の点である。（逸脱的であるのはあくまで個々の規範からであり、「NNM＋」の定義には沿っている点に注意してほしい。だからこそそうしたやり方も「コミュニケーション」なのである。）

強調したい第二の点は、コミュニケーションが基本的に共同行為であるということ、そして、右にあげた諸規範はそのための標準的な手段と見なされるということである。

第一章で私は、コミュニケーションを、メッセージを送るという行為を本質的に含む複合的な出来事として特徴づけた。特徴づけはそこからさらに進めることができる。メッセージは多くの場合、一方的、単発的ではない。メッセージの送りあいになるのが普通である。しかもそれらはばらばらの応酬ではない。それらは一つのやりとりへと統合されている。統合をもたらすのは一つの目的である。つまり個々のやりとりは、参加者に共有された目的を背景にしている。それは、バスが来るまでの時間つぶしであったり、翌日の段取りの確認であったりするだろう。そうした目的は、会話を行なう理由を彼らに与えるとともに、やりとりの全体を、参加者たちによる一つの共同行為にする[18]。この観点からすれば、メッセージを送ることだけでなく、たとえば相手の声がよく聞こえる場所に移動するといった行為も、その共同行為の一部と見なされる。あらためて、「コミュニケーション」とは、典型的にはメッセージの送りあいを中心とする共同行為と関連する諸結果とから成る複合的な出来事であると言うことができるだろう。

共同行為としてのコミュニケーションという観点はグライスの考えに沿ったものである。グライスが「含み」についての彼の体系的説明を展開するにあたり、共同で自動車を修理したりケーキを作ったりする例を持ち出していることはけっして偶然ではない。そこはもっと注目されてよい。そのアナロジーは本質的である。実際、グライスの言う「協調原理」は、共同行為に参加していることを意味する最も一般的な原理としてとらえなおすことができる。その場合、協調原理は、「共同行為に参加している以上、個人は、全体の目的や方向性を踏まえて、適切な段階で適切なことを行なうべきである」といったものになる。この「べき」はすぐれて概念的《コンセプチャル》な「べき」である。すなわち、共同行為に参加しているということの概念的な帰結であることを表したものである。言いかえれば、協調原理に従わないということは、端的に、当の共同行為に加わっていないということを意味する。

ここまでの例において私が「規範」と呼んできたものは、グライスが「格率」と名づけたものに相当する。会話に関していえば、われわれは一般に、多すぎず少なすぎない情報量で、誠実に、関係のあることを、分かりやすく話すことなどが求められており、グライスによれば、それらの特徴を付与すべく存在しているのが会話の諸格率ということになる。個々の格率（「簡潔に話すべきだ」といった）を表現するさいに用いられる「べき」は、道具的《テクニカル》な「べき」である。すなわち、参加している共同行為の目的を達成するために必要な（あるいは有効な）手段であるということを表現するためのものである（「熱を下げたいなら首や脇を冷やすべきだ」などの「べき」の仲間）。したがって、諸格率と協調原理とのあいだの関係は、実践的推論における手段と目的の関係に対応する。けっして、前者が後者を構成するとか、前者が後者の下位カテゴリーであるとかいったような関係ではない(19)。

共同行為の手段と目的に格率と協調原理を対応づけることによって、格率を意図的に破ることの意味も説明しやすくなる。つまり、共同行為主体であるわれわれの目的がなおもめざされている（すなわち協調原理に従っている）という大前提のもとで、なぜこのような（標準的方法をあえて無視するという）手段に出たのかを推測することが、当の会話の含みを理解する鍵となるということなのである。

　強調したい第三の点は、含みの推測や理解が、いわゆるアブダクションの形式をもっている点である。この論点はグライスのテキストにおいて明示されているようには見えないので、ここでとくに確認しておきたい。

「アブダクション」についてここではごく簡単に述べることしかできないが、それは、与えられた事象を最もうまく説明するような仮説を、構成したり選択したりする思考活動の総称である。アブダクションは、演繹《ディダクション》や帰納《インダクション》とともに、人類が長年頼りにしてきた適切な推論の一形態である。もっともここでの説明の趣旨からすれば「アブダクション」の名にこだわる必要はない。同型の推論は、ベイズの定理やヒュームの『奇蹟論』のなかにも見いだすことができる。そしてそれはまさに日常的にもおなじみの思考法であろう[20]。

　ともあれ目下の文脈で重要なのは、話し手が格率に違反した理由を推測する聞き手の推論もまた、典型的なアブダクションの形式をとるということである。なぜあんな話し方をしたのか、そしてそれによって何を伝えようとしていたのか——これらに対して合点のいく説明を思いつくことはときとして難しい課題となるだろう。あるいは、よくある理由の候補のいくつかから聞き手は選択できる状況にあるかもしれない。いずれにしても、アブダクティブな推論であるかぎり、含みの特定は二つの点で綱渡り的なものになる。一つは、本質的にそれが、もっともな解釈を思いつけるかどうかにかかっているという点である。もう一つは、それがどれだけもっともに思えるとしても、解釈には誤りの可能性がつきまとうという点である。（ただしそれほどシビアな綱渡りではないだろう。人々は逸脱するにしても多くの場合ありがちな方法をとるからであり、また、われわれは確率が十分に低い事柄を無視して先に進めるからである。それでももちろん綱渡りが得意な人とそうでない人がいることはたしかなのだが。）

この第三の論点は、会話の含みの推測について、機械的に作動する演繹体系のようなものを構築しようとする理論家にとっては、少々悪いニュースとなるかもしれない。

7　まとめ

この章では、コミュニケーションの基本的な概念について、これまでの章よりも理論的な観点から説明と考察を行なった。それらはグライスのアイデアに基づいている（つもりである）。前半では、グライスの「非自然的意味」の概念がコミュニケーションやメッセージというものの説明にとって本質的であることを確認し、私が正しいと思うその再定義を提示した。後半の約三分の一では、会話の「含み」の概念が本書のここまでの枠組みでやはり説明できることを示し、おもに行為論的な観点からその概念の特徴づけを行なった。

（1）グライスの最初期の論文「意味」（一九五七）を参照（ただし論文が書かれたのは一九五七年からさらに十年ほど遡る）。

（2）非自然的な意味のこの特徴のなかに、慣習や通例や規則といったものの力がすでに働いていることを指摘しておこう。誤ってタクシーを止めてしまった第一章の注（2）の人物を思い出してほしい。彼女は「私の動作に止まってくれという意味はなかった」と弁明するかもしれない。たしかにタクシーを止める意図がなかったことの宣言として、その弁明は自然に理解しうるだろう。しかし同時にわれわれは「あの状況であのように手を振ればタクシーに対して止まってくれという意味をもってしまうのだ」と彼女に注意することもできる。いま指摘されている特徴は、おもに後者の「意味」の側面に光をあてるものである。前章の最後に触れた、賭ける意図がなくても特定の文脈で特定の言葉を口にしたならば賭けたことになってしまうという論点も、もちろん、この側面に関わっている。先に示唆したように、言葉の「意味」には、発話者の意図によって決まる部分と、言葉づかいの慣習や発話の文脈によって決まる部分がある。本書では、後者の側面が比較的軽視されているように見えるかもしれない。だがそれはあくまで紙幅の制限によるものであり、私はけっして後者を前者に還元しようなどとは思っていない。それは、前者を後者に還元しようと思うのと同じくらい乱暴な（もしくは大胆な）企てである。

（3）この「ＮＮＭ」に近い形での定式化は、グライスの論文「発話者の意味・文の意味・語の意味」（一九六八）を参照。ただし［ＮＮＭ］の表現は、グライスのものよりさらにいくつかの点で一般化されている（たとえばグライスは、言葉を使わない行為をも「発話（utterance）」と呼ぶが、本書ではそうした彼の個性的な用語は避けている）。なお、実質的に同じ内容の定義は、論文「意味」においてすでに見いだせる。そこでは定義が三つの項目に分けて表現されている。

（４）前節のブザーのケースにあてはめようとすると、「行為者」を見つけにくいかもしれない。行為者は、エレベーターの設置に関わるおそらく複数の人物から成る一つの（共同的な）行為主体である。他方、このケースの受け手「y」には不特定の人々があてはまる。意図の内容は、非常に詳細であることが可能であるのと同時に、きわめて一般的であることも可能なのである。

（５）この反例、すなわち［ＮＮＭ］のような初期グライス型の定義に対する反例は、ストローソンの論文"Intention and Convention in Speech Acts"(1964) の第3節で提示されている。

（６）［ＮＮＭ＋］はより高い階層で逸脱があらわになるような反例をも排除するだろう。スティーヴン・シッファーがそうした複雑な反例を彼の著書 *Meeaning* (1972) の第2章第1節で複数あげている。シッファーの例も、基本的なパターンはストローソンのものと同じで（どちらが分かりやすいかは人によると思う）、「これこれのように見せかけてじつは裏の意図がある」といった形の（そして「これこれのように見せかけてじつは裏の意図があると見せかけてさらに裏の意図がある……」といった形の）ものである。

（７）ただし悪い知らせもあって、この無限の系列の存在は、愛が強固かどうかとはまったく関係がない。自分の手にしている証拠を人はいつでも疑うことができる。そのため、相手の想いに関するどの段階の信念も容易に疑念へと変わりうる。信念は知識の重要な一部なので、それが失われれば、両想いの関係性は撤回しなければならなくなるだろう。

（8）付け加えるべき知識に関する規則とは、K_x（p & q）からK_x（p）を導き出す規則である。なお、［1］の無限に続く連言は、［ML］に従いML（y, x）を考えて、［ML］の右辺の一部をそれでもって置換することを第一ステップとすれば、あとは繰り返しで得られる。相互信念を類似の仕方で定義する仕事としては M. Colombetti, "Formal Semantics for Mutual Belief"（1993）が啓発的である（ただしこれはかなり専門的な論文）。ポイントは、無限に続く入れ子状の意図や信念の集合が一意に定まるということである。

（9）『ニコマコス倫理学』第八巻第二章。引用語句は渡辺邦夫と立花幸司による邦訳書に従う。もちろん、古典の素人である私のこの解釈は微妙なものである。ここで、気づかれているべきだとされているのは、もっぱら第一階の好意のことであるとも読めるからである（もっとも、気づいているべきだとされている態度は、あきらかにそれよりは高階のものだが）。とはいえ、同巻第五章の「ともに生きること」に関する議論は、第一階の好意の気づきにとどまらないものをアリストテレスが考えていたことを示しているとは言えるだろう。

（10）たとえば、野矢茂樹『哲学・航海日誌』（一九九九）、第四章（第29節）、飯野勝己『言語行為と発話解釈』（二〇〇七）、第四章第4節を見られたい。なお次段落のオムレツの喩えは、野矢の同書による。

（11）とくに彼の論文「意味再論」（一九八二）第3節の「理想的極限」が出てくる議論を参照されたい。

（12）それらの系列のすべてが成り立っていることを確認しなければ正当に信じることができないと考えるのは、もう一つの誤りである。人間が手にすることのできる正当な確信は、そのような強迫神経症的な考えとは無縁である。いままさに特徴づけているような相互信念や共通知識が日常のやりとりにおいて不要であるとする議論は、しばしば同種の誤りに基づいている。すなわち、それらの状態へと至るために過剰な手続きが必要であるかのようにまず語り、そのあとでそれらの状態が現実に不可能であると主張するのである。

（13）もっとも、態度を単純にこのようなものと見なすことは困難だろう。第一に、意図の実行や実現の仕方はおそろしく多種多様である。第二に、「適切な条件」や「関連する反応」の特定がふたたび（別の）態度の特定を含むかもしれない。

（14）ハサミなどの物体がもつ傾向性と、内容のある人間の心の状態は、一見するほどかけ離れてはいない。傾向性とはまさに、オーストラリアにいた伝説の哲学者ジョージ・モルナーが「物的志向性」と呼んだものにほかならないのである。

（15）社会学等で使われるおそらくより由緒正しいこれらの語と、第一には同一視しないでほしい。

（16）グライスの論文「論理と会話」（一九七五）における議論を、おもに以降の節では参照する。含み（implicature）には「推意」という訳語もあるが、本書では採用しない。なお本書で取りあげるのは、グライスが考える非常に広い「含み」の概念のうちの、「非慣習的な含み」のうちの、「会話の含み」のうちの、さらに「特殊的なもの」である。そのうちの「グループC」と呼ばれるものにとくに注目することになる。

（17）「すばらしい」というCさんの言葉がすばらしいことを意味していると取れなければ、Cさんが思いと正反対の評価を口にしているという理解はできないだろう。（Cさんが日本語をまちがえて覚えていて、「すばらしい」を酷い出来という意味で使っているケースと対比してほしい。その場合も、おそらく聞き手はいくらかの調整を経て、Cさんの発言を理解するに至るだろうが、皮肉や反語としてそれを理解するわけではない。）

（18）この意味で目的が共有されているとき、目的の内容だけでなく、当の目的が共有されていることもまた、参加者全員に対して明るみになっている。ちょうど［NNM＋］の定義のもとで、コミュニケーションが非常にうまくいったとき、行為者の意図と受け手によるその認知とが、行為者と受け手の双方に明るみになるのとまったく同じ仕方で、明るみになっている。

(19) グライス自身があまり明示的な書き方をしていないせいもあり、協調原理と諸格率とのあいだの論理的な関係については、伝統的に誤解が多いように思う（たとえばジェフリー・リーチの『語用論』（一九八三）、第1章に見られる書き方もそうである）。両者の関係について明快な見通しを与えてくれる論文として、川口由起子「グライス理論における協調原理と格率一般との論理的関係」（二〇〇一）がある。

(20) 一例をあげると次のようなものである。袋の中から手探りで適当に球を取り出したとする。球は黒であった。これが与えられた事象である。さて、じつはすでに、次のうちのどちらかであることが分かっている。すなわち、中の見えないその袋は、ほとんど黒球しか入っていない袋か、ほとんど白球しか入っていない袋かのどちらかである。正解を知る人物からどちらの袋であるかをクイズとして問われているような状況を想像してもよい。このとき、返答はもちろん「ほとんどが黒球の袋」であるべきだろう。なぜか。そのように仮定した場合、さきほど私の身に起こった出来事はいわば当然の出来事になるからである。逆にもう一つの仮説のもとで、それは奇蹟のような出来事になる。奇蹟など起こっていないほうに賭けるのが賢人のやることである。このケースはすこし特殊で、複数の仮説があらかじめ与えられ、そのあいだを比較するケースである。そして「事象を最もうまく説明する仮説」の意味するところは、事象をより起こりそうなものにする仮説である。

第四章　言語の居場所はどこにあるのだろうか

1　どのようなものが「言語」なのか

左頁のa、b、cを見てほしい。いずれも、左から右もしくは右から左へと変化していく帯状の領域である。そのうちどれが「言語っぽい」だろうか。aはまず違う感じがする。連続的すぎる。どこで区切ればよいか分からないという特徴は、われわれになじみの（たとえばいまあなたが目にしているような）言語からは遠いように思われる。bはどうだろう。bはaと違いばらばらしている。その点で「記号」の列のようである。区別できる絵柄の一つ一つもそこそこ複雑だ。引っかかるのは、反復が見あたらない点である。もしbが、このあと数十行続いても同じ模様が再登場しないようなものであるなら、bはむしろ図案のサンプルか何かではないかと考えたくなる。cは一見子供のいたずら描きのようである。だが、いたずらで描いた絵にしては自由ではない。規則性に縛られているように見える。いたずら描きだとしても、おそらく文字を真似たものだろう。たしかにcでは、bと同様、離散的な絵柄が整然と並んでいる。離散的というのは、あきらかに絵柄に属さない空白が一つ一つの絵柄のあいだに挟み込まれていて、図全体が非連続的になっているということである。そしてその空白は大きくしたり小さ

図 4

くしたりできそうである。しかし他方、ｂと異なり、ｃには反復が見てとれる。同じポーズをとった人型が何度か出てくる。ときどき旗を手にした絵があるのも特徴的だ。ｂにはないそれらの特徴が、ｃに規則的な感じを与えている原因であろう。

実際、ｃの正体は、暗号化された一つの文である。人型の絵を適切なアルファベットに置き換えていけば、シカゴの凶悪人物が自らの到着を告げるおそろしい英文になる。[1] ｃの暗号が解読されたのは、右にあげたような言語らしい特徴のせいである。それらの特徴が、まず、絵が暗号化された文であることを示唆する。もちろん、問題の文がポーランド語やシュメール語ではなく英語である（しかもアメリカ的特徴をもった）と推定する根拠は、絵柄のみから得られるものではないが。次に、それらの特徴はまさしく解読の手がかりにもなる。離散的な絵柄は、各人型が一文字一文字に対応することを示唆し、数文字ごとに挟まれる手旗は、そこが単語の区切りであることをほのめかす。反復される絵柄は、それに頻出文字を割り当てることを促すは

ずである。名探偵に勘づかれることをもし警戒するのならば、aのようなものの中に文を隠すべきであったろう。(2)

以上に示した言語らしい特徴の一つは、「分節性」とでも呼ぶことができる。ただしこの段階ではまだ単語や文といった文法的概念を導入する必要はない。離散的な絵柄がただ見てとれるといった特徴をまずは考えればよい。さらに、手旗の部分を節目と数えられるといった点も、分節性の特徴に含めたい。つまりcは、節足動物が分節化されているという程度の意味で分節化されている。もう一つの重要な特徴は「反復性」である。反復性は分節化の可能性と連動している。たとえば、一見つながったデザインであったとしても、複数箇所で特徴的な反復が見られるならば、反復する部分を単位として取り出すことにより、全体をとりあえず節目で切り分けられるようになるだろう。

しかし、節目と反復の見られるパターンのすべてが言語や記号というわけではない。ムカデも風呂場のタイルも言語ではない。ロンゴロンゴや浮世絵の蘭字枠のようないかにも記号列といった外貌のものでさえ、解読可能な言語を記したものだと決めつけることはできない。それらが言語でないとすれば何が欠けているのか。それは、ロンゴロンゴを解読したと主張する人が見ているものにほかならない。すなわち「意味」である。

「意味する」が謎めいた関係であること、そしてそれが哲学の重要なテーマになることは、前章の最初に示した。そこでは、グライスの言う自然的意味を含む広い「意味」の概念から話を始めた。自然的な意味はもちろんここで検討したい言語の「意味」とは違う。特有の体節構造はムカデが節足動物であることを自然的に意味するが、それは言語ではない。さらに非自然的な意味に関しても、それらをもつ花やビープ音自体は、言語ではない。

言語的な「意味」とはどのようなものだろうか。答えはすでに第二章の第2節でほのめかしてある。私はそこで、「言語」を、特徴的な内部構造をもつ記号列に限定した。それはこういうことである。図4のcを例にとろう。cの記号列は、後半部分がある特定の人物を表している。前半部分は、cが書かれた付近に書き手が来ていることを表している。cの全体は、問題の人物が付近に来ているということを意味している。より一般的に述べるとこうだ。一つの言語表現は全体として何かを意味している。その言語表現自体は、切り離し可能な諸部分から成っている。さらにそれらの適切な諸部分も、それぞれに意味をもっている。そしてそれら諸部分の意味が、その言語表現全体の意味を構成している(3)。

第二章ですでに見たことだが、メッセージとして贈られた花が、それのもつ意味と右記のような関係にないことを、いまいちど確認してほしい。花弁や茎といった花の構造は、例の花がもつ意味の内容の構成に関与していない。また、前章の例「すばらしい」も、同じ理由で、言語的な仕方では話者の意図を伝えていないと言える。本書の主眼の一つは、コミュニケーションがしばしば「言語」に依存しないという論点を強調することにあった。それの意味するところは以上のようにも語ることができる。

前々段落で簡単な描写を与えた構造は、言語というものに対して、興味深い二つの特徴をもたらす。その二つは「合成性」と「体系性」である。まず合成性は、言語表現の部分の意味がその言語表現全体の意味を決める形になっているという特徴である。その特徴は、前者が後者を構成するということからのおそらく自然な帰結である。一つの単語の意味が分からないので文全体の意味がよく分からないといった体験は、この特徴の感覚的な現われであるだろう。ここで言う「合成性」の概念をめぐっては、哲学的な問題や議論が広い範囲に存在するが、本書でそれらに触れることはできない。

体系性は、言語表現の一部を他の表現に置き換えることにより、別の事柄を意味する新たな表現の全体を手にしうるという特徴である。すくなくともここではそのような特徴を「体系性」と呼ぶことにしよう。たとえば「やって来た、エイブ・スレイニー」という日本語の文の「エイブ・スレイニー」はもっぱら特定の人物を指す語だが、そこを別の人物を指す「キャプテン・キッド」で置き換えたならば、別の意味をもつ新たな文が得られる。「やって来た」を別の動詞に置き換えたならば、また別の文が得られる。われわれが一つの言語を理解するというのは、まさにこうした体系性を理解することであると考えられる。

この節では、分節性、反復性、合成性、体系性という四つの特徴をあげて、本書の言う「言語」を規定した。後ろの二つはとくに言語的な「意味」に関わる特徴である。[4] 以上はもちろん、語が何かを意味する典型的な仕方の記述である。それはとうぜん（ここまでの章で中心的に扱ってきた）行為者が何かを意味する局面とは、別の局面を形成する。行為者の意味から語の意味がどのように派生していくのかという問いは、グライスにとって非常に大きな課題であった。しかしその問いも本書では扱わない。[5]

2　体系性と思考の言語

トルコを旅行するために、いくつかの基本的な文を丸暗記したとする。たとえば、バスルームの場所を知りたいのであれば「バンニョネレデ」と言う――といったぐあいに。ひょっとしたらこれで短い旅行ならやりすごせるかもしれない。さて、この旅行者はトルコ語を理解していると言えるだろうか。

この旅行者は、すくなくともある重要な点でトルコ語を「理解」していない。彼はちょうど、かけ算の何たるかを理解しないまま九九を暗記し、一桁のかけ算に対して正解を与えられる人物に似ている。あるいは、決められた刺激のパターンに対して適切なボタンを押すよう訓練されただけの動物に似ている。問題の旅行者は、寝室の場所を尋ねる文をうっかり暗記し忘れていたとしよう。たまたま、トルコ語で寝室を「ヤタクォダス」と呼ぶということは知ったとする。だがそれでも彼は寝室の場所を尋ねる文を作れない。というのも、いったい「バンニョネレデ」のどの部分を「ヤタクォダス」に置き換えればよいのかが分からないからだ。この旅行者はトルコ語の体系性を理解していないのである。

「体系性」は、もともとは哲学者のジェリー・フォーダーの用語である。[6] 前節ではそれを拡張し、ひょっとしたらねじ曲げた形で、援用した。[7] フォーダーの言う「体系性」は第一には言語使用者の能力に関して定義される。たとえば、「ジョンはその娘《こ》を愛している」という文を理解できる者はかならず、「その娘はジョンを愛している」という文をも理解するであろう。ある一つの文に対するわれわれの理解は、体系的に関連する他のいくつかの文の理解を伴うものである。前段落で問題になっているのももちろんフォーダーの言う体系性である。つまり、トルコ語を真に理解している人のなかに、適切な場面で「バンニョネレデ」という文を使うことができ、かつ「ヤタクォダス」が何を意味するかを知っていながら、「ヤタクォダスネレデ」という文を使用できないような人はいない、という話である。

このような体系性の概念はわれわれの常識的で興味深い「言語理解」のイメージに合致すると思う。その点ではフォーダーに賛成しよう。問題は、そこから何を引き出すかである。フォーダーは非常に大胆な理論的帰結を導き出す。彼によれば、体系性は「言語」が人間の頭の中

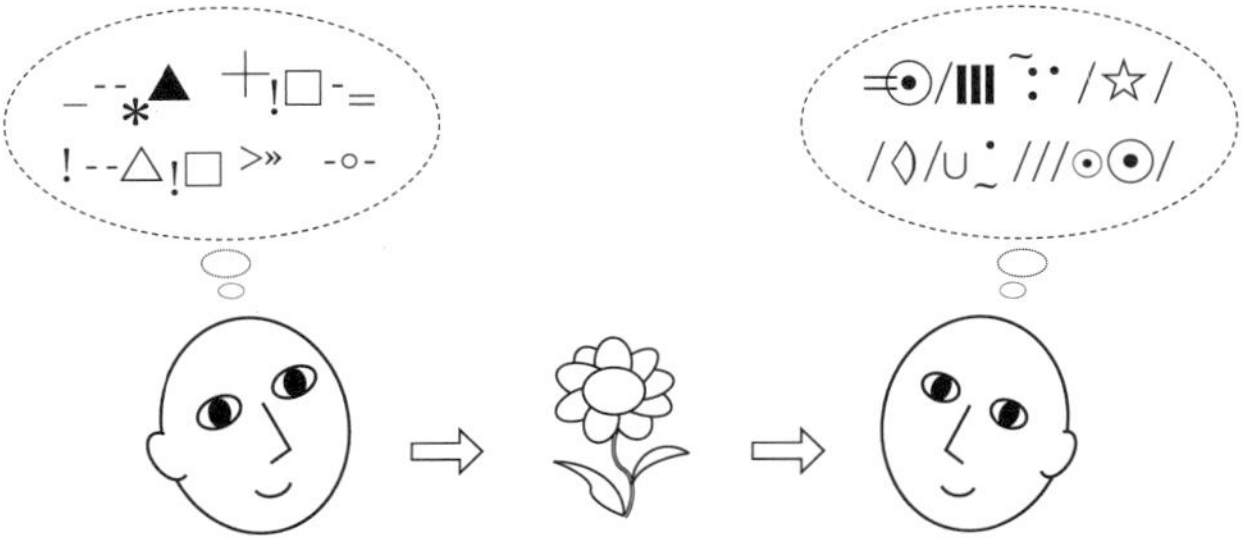

図5

にあることを示唆しているのである。いや、もうすこし丁寧に述べるべきだろう。フォーダーによれば、言語理解の体系性は、われわれの心的表象がまさに言語のような構造的特徴をもつことを仮定してはじめてうまく説明できるのである。そのような言語的な心的表象を彼は「思考の言語」と呼ぶ。「思考の言語」仮説が体系性の最善の——もしかすると唯一の——説明となるというわけである。

　この帰結は、もし正しければ、本書にとって大きな意味をもつ。たとえば第二章の図3（34頁）には、上の図5のような付け足しが可能となるだろう。たしかにそこでは情報が言語的な媒体で伝えられているわけではない。しかし、花に込められたメッセージの意味は、送り手と受け手の双方にとって、言語的に十分表現可能なものであろう。だとすればメッセージの内容は、送り手と受け手の内部に、何らかの形の言語的表象として存在することになる。[8] コミュニケーションはここでまさしく「言語」に依存することになるのではないだろうか。

　そうでもないだろうというのが私の意見であり本章の結論だが、その話をする前に、フォーダーたちの議論には続きがあるので、それにすこし触れておこうと思う。

　フォーダーらは、人工知能の哲学に関して、ある論争的な主張を展開する。それは、「思考の言語」仮説と、人工知能研究において有力なアプローチであるコネクショニズムとが両立しないという主張である。その結論は衝撃的なものだった。というのも、彼らの議論は結局、分散表象を中核的なアイデアとするコネクショニストモデル（ニューラルネットワークモデル）は、「思考の言語」仮説と折りあいが悪く、体系的な能力を説明できないがゆえに、人間の認知を説明するモデルとして不適格だという方向へと進むからである。

　たしかに思考の言語と分散表象の折りあいの悪さは一見して明白である。表象（表現）がもし言語的であるならば、その表象の構成部分は、当の表象全体がもつ意味のうちの対応する部分を余すところなく、そしてその意味の部分のみを、担うものでなければならないからだ。コネクショニストシステムを構成する各ユニットはあきらかにそのような意味論的働きをしていない。たとえば、いくつかの命題に相当する入力に対し適切な出力を返すシステムがあったとしても、ネットワークの中間層にあるユニットのこれとこれとこれが、特定のこの概念やあの命題の記録をもっぱら担当しているといったことはない。あえていえばそれらのユニットのどれもが、分散的に、システム全体による諸命題の記憶に貢献しているわけである。また他方、一般的なイメージとして、いわゆる古典的なＡＩのほうが構文論的規則に従った記号の処理をより直接的、効率的にこなせそうに思われるのもたしかである。

フォーダーらの主張は哲学的な挑発としては面白いかもしれない。しかしながら論証として見るといくつか微妙な点があると思う。ここでは二つの疑問点を提出しておきたい。一つは、思考の言語とコネクショニズムの発想が両立しないのだとして、退けられるのがなぜ後者なのかという素朴な疑問である。コネクショニストシステムは、源流をたどれば人間の神経細胞の働きを抽象化したもの（マカロック＝ピッツのモデル）を基本単位とするシステムの一種である。だとすれば、人間の脳自体がそのような並列分散処理を行なうシステムであるというのは、きわめてありそうなことである。それもまた一つの仮説にすぎないが、もしそちらの仮説が正しく、そして人間のすくなくともいくつかの認知能力が現に体系的だとすれば、退けられるべきはむしろ「思考の言語」仮説のほうであると考えるのが自然な流れだとは言えないだろうか。この方向へ議論を展開する哲学者は実際にいる。(9) 二つめの疑問は、体系性がはたしてコネクショニストモデルで扱えないのかというものである。たしかに思考の言語の存在は体系性をよく説明する。だがそれが唯一の説明だと証明されたわけではない。ある論者は、体系的な振る舞いを実現するコネクショニストシステムの例を具体的にあげている。そのような振る舞いの生起をより単純な機能的概念――入力と出力によって定義される内部状態の概念――によって「説明」しうる見込みはあるだろう。あるいは、古典的な記号処理過程を実装するコネクショニストシステムの例があげられることもある。それは体系性との両立可能性を端的に示す例になろう。(10)

3 思考は頭の中にあるが言語は（たぶん）ない

コンピュータを処分するときハードディスクにドリルで穴をあけるとよいと聞く。もちろん、前節で問題にしたような非ノイマン型のコンピュータではなく、どこの家庭や事務所にもあるコンピュータの話である。昔コンピュータは「電子頭脳」とも呼ばれていたから、これは、脳にドリルで穴をあけるような話になる。なぜそこまでするのだろうか。それは、ハードディスクに記録された情報を読み取られないようにするためである。そこには情報が「言語」的な形で記録されているため、横から盗み見られる可能性があるからである。横から盗み見られる可能性というのは、われわれ人間の脳にとっても重大である。もしも知識や欲求等が同様に言語的な形で人間の脳に蓄えられているのだとしたら、原理的には、気づかないうちに、われわれが何を知り何を欲しているか等々を第三者によって読み取られる可能性があることになるからである。それは、拷問や脅迫によって知っていることを白状させられるのとはまた別種の、不

愉快な事態であるだろう。(11)

知識がそのような形で人間の内部に蓄えられるというイメージは、しかし、おなじみのものである。前の章で触れたように、知識は図書館の比喩を用いて自然に語られる。古典的な漫画表現において「ハカセ」の頭は大きく描かれる。博識であるためには、それだけたくさんの〝本〟を、長い行の文章を、頭蓋の内部に収めなければならないからである。もちろんそれは真実ではない。私の周りにいる博士号取得者の頭部はとくに大きくはない。それは、彼らが博士にしては物を知らないからではなく、知識の所有に関するこの比喩が間違いだからである。

問題は、哲学者の言う「態度」または「命題的態度」を、どのようなものとして理解するかである。どのようなものとして理解するかという問いは（すこし堅苦しい言い方になるが）存在論的な問いである。つまり「態度」と呼びうるものがどこにどのような形で存在するのかという問いである。

「態度」の語はじつは本書のなかでこれまでも使ってきた。「態度」は専門用語であり、特定の種類の心的状態の総称である。態度は「内容」をもつ。内容は命題の形で表現される何かである。冷蔵庫に卵がないということや、卵がなければオムレツが作れないということなどが、態度の内容の具体的な候補となりうるだろう。態度にはまた種類があり、知識、信念、欲求、恐れ、疑い、意図等々がその例である。以上の図式はわれわれの日常的な語り方を反映している。「冷蔵庫に卵がない」という文に「と彼は思っている」という一節を付け足すだけで、ある人物のある種の心の状態を表現する文が手に入るだろう。「命題的態度」の概念は自然な発想に基づいたものだと言える。

内容は文によって自然に表される。このことと、あるもっともな直観、すなわち、何を信じているか、何を欲しているか等は、信じたり欲したりしている当人がいちばんよく知っているという直観から、態度の内容が文のような形で実際に主体の内部に保存されているという考えが出てくるのは、分かる話である。たしかに、信じている事柄や欲している事柄を列挙したリストがつねに頭のどこかにあり、当人だけがそれに第一にアクセスできるのだとすれば、そうした直観もいっしょに説明できるように思われる。アクセス権に関する難問は本書ではおくとして、ここで問題視したいのは、その「リスト」をどの程度文字通りにとるべきかという点である。(もちろん、日本語の文を特殊インクで記したリストが頭蓋の内側にあるなどとは誰も考えない。ハードディスクの中にさえそのような形態の記録は存在しない。したがって、「リスト」や「文」と呼ぶべきものがそこにあるのかという問いは、本書の言う意味での言語的表象が定常的に存在するのかという問いである。)

たとえば私は、妻がペットを飼っていないことを知っている。しかも以前からそのことをよく知っていると言いたい。だがそれは、これまで事あるごとに、ああ妻はペットを飼わないのだなあという感慨に浸ってきたという意味ではない。単に、前に聞かれたとしても同じように即答しただろうという意味である。私はたぶんいままで「妻」と「ペット」の概念を併置したことすらなかった。したがって、自分の頭のどこかにある信念リストの一画を「妻はペットを飼っていない」という文が以前から占め、いまの例で使われるのを待っていたとは思えない。かつて意識したことのあるいくつかの命題を思い出し、吟味と計算のうえ、妻はペットを飼っていないという結論を導き出したという感じもしない[12]。

もう一つ例をあげよう。疑いは重要な心の状態である。われわれの心はしばしば疑いで満たされる。冷蔵庫に卵があるかどうかといったことは大きな懸念材料になりうるだろう。寄り道をして遠くまで卵を買いに行くか、オムレツが作れない危険をあえて冒すか、歩きながらずっと考えたりすることがある。そのときの私の心の状態は、冷蔵庫に卵があるということにもその否定にも確信がもてないという態度を含んでいる。態度の内容は「冷蔵庫に卵がある」という文で表現しうる命題である。このケースでもやはり、歩きながら疑いを始める前から、私の心の中の疑いリスト上にそうした「文」が実際に記載されていたとは考えにくい。一人の人間が信じていることと、そうであるのかどうか分からないことの両方を合わせれば、世界そのものを構成する命題の数に等しくなるだろう。それは、リストに文字通り載せるには多すぎる数である。

「文」はどこにあるのだろうか。人間の心とその内容を表現する文との関わりは、正しくは以下のようなものだろう。たとえば私は、あるフランス人について、彼はここが切符売り場だと分かっていると述べたりする。そのとき、いかなる意味でも彼の頭の中に「ここが切符売り場だ」という日本語の文が存在しないのは明らかである。にもかかわらず私は、そのフランス人の心の状態を、一つの日本語の文へと対応づけることによって十分に特定している。彼の頭の中にフランス語の文があるわけでもないこと、そしてそもそも「ここが切符売り場だ」に対応する言語的表象を彼がもっている必要もないことは、前節や前段落までの議論が示唆している。もちろんそのフランス人は、もし尋ねられたなら、おそらくフランス語か慣れない日本語かひょっとしたら英語の文を使って、そのときの自分の心の状態を特定して見せるだろうが。

心的な態度は態度をもつ主体の状態にほかならない。それは、こう言ってよければ、主体の中枢系の状態であるだろう。われわれは人々の中枢系のそうした状態を区別するため、日常的に「文」なるものを使うのである。何語の文に対応づけられていようと、態度自体は、主体の(中枢系の)状態である以上、主体の内部にある。そのことを否定する必要はない。だがそのことは、態度の内容を表す文が、具体的な形で主体の頭の中に存在するということを意味するわけではない。

哲学者のドナルド・デイヴィドソンは、こうした心と文との対応づけを、物体の重さの測定に喩えている。われわれはある宝石の重さを「二十グラム」と述べたり「百カラット」と述べたりする。それは、その宝石の重さを、グラムまたはカラットといった単位に沿って正の数の系列へと対応づけることにより、特定する作業である。数の系列は、その宝石の重さと他の（同様に数に対応づけられた）物体の重さとの関係を、全体としてうまく表現しうるものであるだろう。同じように、主体のさまざまな態度の内容を特定するさまざまな文も、諸態度のあいだの（合理的または因果的な）関係を、全体として適切に説明するものでなければならない。「冷蔵庫に卵がない」と思ったから「寄り道して卵を買いに行く」ことを意図したといったぐあいにである。(13)

グラムやカラットの存在論について話をするなら、宝石のどこかに「二十グラム」や「百カラット」という刻印があるわけではない。たしかに金塊にはよく「500g」などと刻まれているが、いずれにしても、そうした数字の刻印があるから物体は重さをもつわけではない。もちろん、グラムまたはカラットに沿った複数の測定体系が存在することは、物体のもつ重さの客観性と衝突しない。(14)

4　まとめと帰結

本書のまとめと本章の帰結のようなものを書いておこう。

受け手の側からすれば、結局のところ、コミュニケーションとは他者の意図を理解することである。もちろん、他者の意図を理解するすべてのケースがコミュニケーションを含むわけではない。たとえば重たいドアを子供が開けようとしているのを見た私が、ドアを代わりに開けてあげたとき、私はその子の意図を理解しているが、そこにコミュニケーションと言えるものはない。子供は目の前のドアを開けようと意図しただけである。その意図の内容にこの私は含まれない。とりわけ「自分の意図を理解してくれる他者」として私はそこに含まれていないのである。意図がコミュニケーション的である場合、その内容に含まれる「自分の意図を理解してくれる他者」は、さらに、「自分の意図を理解してくれる他者」を内容に含むその意図自体をも理解してくれるような他者でなければならない。そのような自己指示的な特徴づけが含意する意図の重層的構造については、すでに紙幅を割《さ》いて述べた。また、その種の重層的構造が、コミュニケーションを行なうという営み全体を一つの共同行為と見なすための重要な要件であることもすでに示唆した。

他者の意図を理解することは、他人の頭の中にある「文」(言語的表象)を解読することではない。それゆえ、本章第2節の図5はひどくミスリーディングであると言える。左側に描かれたバルーンは、漫画的な表現の慣習に反して、左の人物のモノローグではないのだ。(15) 右のバルーンについても同様である。図5を整合的に解釈することは難しいと私には思われる。もし左右のバルーンに同じ図柄が（ちょうど第二章33頁の図2のように）描かれていたならば、本章の図5は、やりとりを理解した第三者が、送り手の意図の内容と受け手に理解されたその内容とをバルーンに描きそれぞれに帰属させた絵であるとでも解釈できるだろう。しかしその場合でも、バルーンは、実際に送り手の頭の中に最初存在し、のちに受け手の頭の中にも存在するようになった記号列を表現してはいない。

いくつかの誤解を予防しておく必要がある。まず第一に、以上のように述べたからといって、意図を理解することが、他者の内面にある言葉にできない感覚のようなものを把握することになるわけではない。そのようなものの把握はコミュニケーションにおいて要求されていない。もちろん原理的には、われわれは、著しく異なる進化の過程を経てきた知的生命体ともコミュニケーションができる。ソラリスの海とそれができないのは、ソラリスの海の主観的な観点がどのようなものか（自分がソラリスの海であるとしたらどんな感じか）をわれわれが把握しえないからではなく、単にそれに対して適切な内容をもつ態度を帰属させられないからである。

主体の意図を理解したとき、われわれはよく、専門的な文脈で「これこれの内容の意図が主体に帰属させられる」と表現する。「帰属させる」という動詞句のニュアンスにもかかわらず、意図の理解は恣意的なものではない。誰かに理解されてはじめて、特定の内容をもつ意図が存在するようになるわけでもない。これが誤解すべきでない第二の論点である。意図の内容の理解とは、何らかの文とその意図をもつ主体とを対応づけることにはちがいない。だがその対応づけは、好きな場所に好きな付箋を貼るような自由な仕方では行なえない。「解釈」には正解と不正解がある。その境界は、主体や主体を取り巻く環境の内在的な状態によって定めうる。解釈の営みに過度な自由を期待してはいけない。

　第三に、あからさまに言語を使った伝達を、本書の形の説明の対象外と考えてはならない。たとえば、前章の最後に見た「含み」のケースは、言語を使った伝達を含むものであろう。それらは、言語を使う伝達とそれに関連する一般的な規範（格率）が利用されているケースである。そしてそうした利用の意図を理解することが、発話者の行為全体がもつ「含み」の理解へと結びつく。そういう話であった。

　もちろん、言葉がもっと素直に使われているケース、すなわち、話し手が口にした言葉の第一の意味と話し手が最終的に伝えたいこととが一致するケースに対しても、本書の示した図式は、重要な部分であてはまる。話し手の言葉の第一の意味を理解するために、しばしば、話し手のそのときの意図を注意して理解する必要があるからである。話し手が口にした語と同じ響きをもつ語が一般にあるいは慣習的にどのような意味で使われるかを記した対照表があり、その対照表に従って話者の言葉を機械的に解読していくというイメージは、特殊な場合を除いて、実情に即したものではない。われわれはしばしば、話し手の意図に照らして、そうした対照表を改変しなければならない。話し手が当の語をどのような意味で用いていると理解されることを意図しているかが、その語の第一の意味を決めるのである。こちらで事前に用意した対照表がそれと一致する保証はない[16]。

まったく別の点をもう一つ指摘すると、われわれはふだん相手の言葉を最後まで聞かない。自分も言葉を最後までは口にしない。互いの発言がすこしかぶるのはコミュニケーションがうまくいっている徴候ですらある。最後まで聞かないのは、残りの部分を予想して脳裏に復元しそれを解読しているからではない。そんなロボットのようなことはしていない。言葉が不完全にしか存在しなくても平気なのは、相手の発言の意図をすでにすべて理解したからだ。われわれはむしろ余裕もって次の発言をかぶせにいくはずである[17]。

さて、言語はこの世界のどこにあるのだろうか。本章の示唆が正しければ、第1節で特徴づけた広い意味での「言語」さえ、コミュニケーションを行なう人間の頭の中に文字通り存在しなければならないと考える必要はなさそうである。他方、個々のコミュニケーションにおいて言語（的表象）が明白な媒体としてつねには必要とされないという点も、ここまでの章で何度か強調した。言語は、それらの場所で目撃されるかもしれないが、そこに定住はしていない。

もちろん、人々の思考から生じた具体的な音声や文字列は「言語」と呼べるものだろう。あなたがいま目にしているのもその一例であり、こうした文の形で生起したものが言語であることはまちがいない。しかもその表現力は侮れない。文によってわれわれは、直接目に見えないものや、具体的には存在しないものの表現をも意図することができる。たとえば他者の態度の内容といったものですら文の形で表現することができる。

とはいえ、文は、語られたり書かれたりしなければ存在しない（頭の中に「文」がずっと用意されているのでないかぎり）。そしてそれらは語られたり書かれたりしなければならないものでもない。考えを言葉にする義務は一般にはない。また、実際に語られたり書かれたりした文の総体についても、それを厳密に「一つの言語」と見なせるかどうかには疑問がある（四つ前の段落の指摘が正しければ）。

そうなるとわれわれは抽象的な〝言語〟の存在を検討したくなるだろう。日本語などの個別言語に対応する一つの何かが、そうした抽象的対象の候補として考えられるのかどうかは私には分からない。ただ、もし数の体系に相当するほどの抽象的な構造を考えるべきであるなら、言語は、人類がそれを手にするはるか前から存在していた（ちょうど数の体系がそうであるように）と言いたくなる人が出てくるにちがいない。私もその一人である。いずれにしても、以上の種類の議論は、本書がテーマとしてきたようなコミュニケーションの熱い現場からは遠く離れたところで展開する必要がある。それゆえここで、この本は終わりにしようと思う。

（1）アーサー・コナン・ドイル「踊る人形」（一九〇三）。

（2）たとえばaの帯の決められた複数の小区間の色の濃淡を、アルファベットに対応させることはできる。私は、aのような外見のものでは言語的情報が送れないと言っているのではない。

（3）デイヴィド・ルイスは、表象（表現）が言語的であることを、「表象の内容の部分がその表象の部分の内容であること」という非常に簡潔な言葉で説明している（"Reduction of Mind"（一九九四））。

（4）もしも文や単語などの文法的な概念を導入し、表現の適格性の規準を手にしたならば、意味に言及せず、「体系性」を説明することもできるだろう。つまり、適格な表現の一部を、同じ（または適切な）カテゴリーの別の表現に置き換えることによって、新たな適格な表現が得られることとして、説明するのである。表現のこの意味での体系的な生成は、他のくりかえし適用できる手順とともに、文などの言語表現を好きなだけ生み出す能力をわれわれに与える。

（5）この問題の展望に関しては、金子洋之「コミュニケーションと規約」（二〇〇二）が、包括的な視点からとても良い見取り図を与えてくれる。

（6）ジェリー・フォーダーは関連する議論を一九七〇年代から展開しつづけている。ここでは、論点が簡潔に提示された認知科学者のゼノン・ピリシンとの共著論文 "Connectionism and Cognitive Architecture" (1988) をあげておく。

（7）つまり私はそれを言語の特徴として導入した。もしフォーダーの用語に忠実であろうとするなら、前段落の最後は「トルコ語を体系的に理解していない」と書くべきであっただろう。

（8）フォーダーらは「体系性」の概念を認知能力全般にまで拡張する（Fodor & Pylyshyn, *ibid.*）。もし彼らが正しいなら、言語的な表現能力すら、言語的表象の存在には必要ないことになる。

（9）たとえばポール・チャーチランドの "Reduction, Qualia, and the Direct Introspection of Brain States" (1985)

や信原幸弘『考える脳・考えない脳』（二〇〇〇）を見られたい。彼らはむしろ、「思考の言語」や、思考において因果的な役割を担うものとしての「命題的態度」といった観念に対して、否定的な結論や疑いを導き出すために、両立不可能性の前提を用いている。

(10) もちろんその場合、部分的に「思考の言語」仮説が認められることになると言われるかもしれない。しかしそれは、実装された過程こそがシステムにとっての表象を構成すると考えたときにかぎられる。そのように考えるべき理由があるのかどうか私には分からない。体系性とコネクショニズムとの両立可能性を論じたものとしては、T. van Gelder, "Compositionality" (1990); D. Chalmers, "Connectionism and Compositionality" (1993) などがある。

(11) 他方、コネクショニストシステムである場合、それの蓄える言語的情報を引き出す最も正確なやり方は、実際に入力を与え、出力を見ることである。つまり「尋問」することである。アンドロイドのビショップから、何が起こったかについての情報を引き出すため、リプリーが廃物置き場で彼をむりやり目覚めさせなければならなかったことを思い出してほしい。

(12) 私は続けて、「妻は鋏角類を飼っていない」や「妻はヒヨケムシを飼っていない」等々の文を肯定するだろう。それらの文がすべて、そのままの形で、一定の領域を消費しつつ、私の信念リストにずっと記載されていたとは（なおさら）思えない。

(13) デイヴィドソンの「心に現前するものは何か」（一九八九）を参照。

(14) 次の点も再確認されたい。ある粘土の塊の重さが「三三三・三三三三……グラム」と表現できるとする。「……」の部分には「三」が無限に続く。ここにパラドックスはあるだろうか。無限に続く「三」のせいで、この粘土は現実世界で重さをもつことができないだろうか。そんなふうに考える人はいない。その粘土の塊は正確に三分の一キログラムなのだ。態度についても同じことが言える。コミュニケーション的な意図の内容に対して、無限に続く文の系列を割り当てられるからといって、慌てる必要はないのである。

(15) 独言や内語の存在を否定するつもりはない。私は第一章で、黙って1から7までを数えるという例を使った。実際われわれはそうしたことをする。そのような事例では、「いま5まで数えた」などと言うことが完全に意味をもつだろう。つまり、頭の中でとにかく起こっていることの、どの部分が5まで数えることであり、どの部分が7を数え終えることであるかについて語ることには意味がある。だがこれは思考の一種なのだろうか。心的表象の一種なのだろうか。私にはこれは、どちらかといえば、身体表面にはっきりと現われない発話行為の一種であるように思われる(ひょっとしたら舌ぐらいはすこし動いているかもしれない)。

(16) デイヴィドソンの論文「墓碑銘のすてきな乱れ」(一九八六)の議論を見られたい。

(17) この段落で触れた現象については「会話分析」と呼ばれる領域横断的なアプローチが豊富なデータを与えてくれるだろう。私はここでは哲学的な仮説の一つを素描したにすぎない。

書誌情報

本書においては、なるべく日本語で読めるものを参照するように心がけた。ただしいくつかの専門的な話題に関しては、そうでないものに言及せざるをえなかった。以下の文献表には、注や本文で言及していないものが若干含まれる。それらも参考にしてほしい。いくつかのテキストで＊印のあとに加えられているのは補足説明である。

アリストテレス『ニコマコス倫理学（下）』、渡辺邦夫・立花幸司訳、光文社、二〇一六年。

G・E・M・アンスコム『インテンション――実践知の考察』、菅豊彦訳、産業図書、一九八四年。（*Intention*, Basil Blackwell, 1957.）

飯野勝己『言語行為と発話解釈――コミュニケーションの哲学に向けて』、勁草書房、二〇〇七年。＊本書では注において批判的な文脈でわずかに触れただけだが、これは良い本である。とりわけグライス的な観点からどうオースティンやサールの理論に接近するかについて、興味深い示唆を与えてくれる。

ティム・ヴァン・ゲルダー "Compositionality: A Connectionist Variation on a Classical Theme," *Cognitive Science* 14, 1990.

岡谷公二『郵便配達夫シュヴァルの理想宮』、作品社、一九九二年。＊のちに河出書房新社より文庫化されている。

ジョン・オースティン『言語と行為』、坂本百大訳、大修館書店、一九七八年。（*How to Do Things with Words*, Oxford University Press, 1962.）

柏端達也「コネクショニズムは素朴心理学に対して何か言えるのだろうか」、戸田山和久・服部裕幸・柴田正良・美濃正編『心の科学と哲学――コネクショニズムの可能性』、昭和堂、二〇〇三年。＊コネクショニズムと常識的な命題的態度の観念とのあいだに大騒ぎするほどの衝突はないだろう、というのが私の意見である。

――「言語行為：オースティン『言語と行為』」、井上俊・伊藤公雄編『自己・他者・関係（社会学ベーシックス1)』、世界思想社、二〇〇八年。＊オースティンについて本書では十分に取りあげられなかったが、彼の主著を短く解説したことがあるのでよければ参考にしてほしい。

金子洋之「コミュニケーションと規約」、野本和幸・山田友幸編『言語哲学を学ぶ人のために』、世界思想社、二〇〇二年。

川口由起子「グライス理論における協調原理と格率一般との論理的関係」、日本科学哲学会編『科学哲学』34、二〇〇一年。

ポール・グライス「意味」("Meaning," 1957)、『論理と会話』に所収。

――「発話者の意味・文の意味・語の意味」("Utterer's Meaning, Sentence-Meaning, and Word-Meaning," 1968)、『論理と会話』に所収。

――「論理と会話」("Logic and Conversation," 1975)、『論理と会話』に所収。

――「意味再論」("Meaning Revisited," 1982)、『論理と会話』に所収。

――『論理と会話』、清塚邦彦訳、勁草書房、一九九八年。＊論文集 *Studies in the Way of Words* (Harvard University Press, 1989) の抄訳だが、言語哲学に関わる論文はすべて訳出されている。私は本書において、グライスの考えの一部を強調したり、改変したり、オースティンやディヴィドソンと混ぜて論じたりしている。グライス本来の考察の全体は、同邦訳書を読んで確認してほしい。清塚邦彦の丁寧な訳文と飯田隆の充実した解説により理解が進むことまちがいなしである。

マルコ・コロンベッティ "Formal Semantics for Mutual Belief," *Artificial Intelligence* 62, 1993.

スティーヴン・シッファー *Meaning*, Oxford University Press, 1972.

クロード・シャノン、ワレン・ウィーバー『通信の数学的理論』、植松友彦訳、筑摩書房、二〇〇九年。(*The Mathematical Theory of Communication*, University of Illinois Press, 1949.)

ピーター・ストローソン "Intention and Convention in Speech Acts," *Philosophical Review* 73, 1964.

ポール・チャーチランド "Reduction, Qualia, and the Direct Introspection of Brain States," *Journal of Philosophy* 82, 1985.

デイヴィド・チャルマーズ "Connectionism and Compositionality: Why Fodor and Pylyshyn Were Wrong," *Philosophical Psychology* 6, 1993.

土屋俊『なぜ言語があるのか（土屋俊 言語・哲学コレクション第4巻）』、くろしお出版、二〇〇九年。＊第I章は、著者の主として一九八〇年代初頭の論考をつなげたものであり、本書のようなテーマにとって非常に重要である。私は土屋の議論の多くの部分に首肯できるが、本書では正反対の結論に達した部分もある。

ドナルド・デイヴィドソン「行為者性」（"Agency," 1971）、『行為と出来事』、服部裕幸・柴田正良訳、勁草書房、一九九〇年。

――「概念枠という考えそのものについて」（"On the Very Idea of a Conceptual Scheme," 1974）、『真理と解釈』、野本和幸・植木哲也・金子洋之・髙橋要訳、勁草書房、一九九一年。

――「心に現前するものは何か」（"What is Present to the Mind?" 1989）、『主観的、間主観的、客観的』、清塚邦彦・柏端達也・篠原成彦訳、春秋社、二〇〇七年。

――「墓碑銘のすてきな乱れ」（"A Nice Derangement of Epitaphs," 1986）、『真理・言語・歴史』、柏端達也・立花幸司・荒磯敏文・尾形まり花・成瀬尚志訳、春秋社、二〇一〇年。

アーサー・コナン・ドイル「踊る人形」（"The Adventure of the Dancing Men," 1903）、『シャーロック・ホームズの生還』、阿部知二訳、東京創元社、一九六〇年。＊「生還」でも「帰還」でも「復活」でもよいと思うが、訳の文体の好みからこの創元推理文庫版をあげておく。

マイケル・トマセロ『心とことばの起源を探る――文化と認知』、大堀壽夫・中澤恒子・西村義樹・本多啓訳、勁草書房、二〇〇六年。（*The Cultural Origins of Human Cognition*, Harvard University Press, 2001.）

信原幸弘『考える脳・考えない脳――心と知識の哲学』、講談社、二〇〇〇年。
信原幸弘編『シリーズ心の哲学〈2〉ロボット篇』、勁草書房、二〇〇四年。＊一九九〇年代を中心に盛んであったコネクショニズムをめぐる哲学的な議論の詳細について、ここに収められた諸論文は、前述の論文集『心の科学と哲学』同様、多くのことを教えてくれる。
野矢茂樹『哲学・航海日誌』、春秋社、一九九九年。＊本書では批判的な文脈においてそのごく一部に触れただけだが、同書は非常に広い射程をもつ啓発的な本である。現在は中央公論新社からの文庫版のほうが入手しやすいであろう。
ジェリー・フォーダー *LOT 2: The Language of Thought Revisited*, Oxford University Press, 2008. ＊フォーダーの「思考の言語」仮説は多くの反論に対抗しながらなおも更新されつづけている。
ジェリー・フォーダー、ゼノン・ピリシン "Connectionism and Cognitive Architecture: A Critical Analysis," *Cognition* 28, 1988.
ジョージ・モルナー *Powers: A Study in Metaphysics*, Oxford University Press, 2003.
ジェフリー・リーチ『語用論』、池上嘉彦・河上誓作訳、紀伊國屋書店、一九八七年。(*Principles of Pragmatics*, Longman Group Ltd., 1983.)
デイヴィド・ルイス "Reduction of Mind," in S. Guttenplan (ed.), *A Companion to the Philosophy of Mind*, Basil Blackwell, 1994.
スタニスワフ・レム『ソラリス』、沼野充義訳、早川書房、二〇一五年。(*Solaris*, Wydawnictwo Ministerstwa Obrony Narodowej, 1961.) ＊複数の翻訳があるがこれが現在時点での最新版である。

あとがき

「入門」という言葉で私は、新しいエリアへの射出装置のようなものを考えている。したがってそれは教科書やガイドブックとは異なる。私が好ましいと感じる入門書は公平性や網羅性を欠いているかもしれない。重要なのは、どの角度でどこまで飛ばしてくれるかだ。あるアプローチの仕方がもつ特有の方向性と速度をまずは体感できればよいのである。「コミュニケーション」というテーマを中心に考えれば、コミュニケーションの心理学やコミュニケーションの情報科学があるだろうし、コミュニケーションの社会学、動物行動学、言語学があるだろう。それら他のアプローチへの言及が本書において少ないとすれば、それは、私が哲学の専門家でしかないからである。それらを等閑視しているからではない。一つのテーマに対して複数の接近法があるのはよいことだと思う。

本書には「言語」に関する哲学の専門家をいろいろと苛立たせる部分があるような気がする。哲学内部の諸説を私は十分公平に扱いきれていないだろう。それにもかかわらず草稿を辛抱強く読み、丁寧なコメントをしてくれた四人の信頼できる言語哲学者、荒磯敏文、尾形まり花、川口由起子、木下頌子（五十音順）に感謝を申しあげたい。時間と字数と私の能力に制約があり、彼らの鋭い洞察や啓発的な指摘を最終稿に十分反映させられたとは言えない。しかし、四人のおかげで誤りや不備はかなり取り除けたのではないかと期待する。また、慶應義塾大学出版会の村上文さんには最初から最後までたいへんお世話になった。要所要所での彼女のすばらしい励ましと、内容をも左右する的確なアドバイスとチェックのおかげで、本書はよりきちっとしたものになったと思う。それからもちろん、本書を慶應義塾大学三田哲学会叢書の一冊として刊行することを認めてくれた三田哲学会には、最大限の謝意を表明したい。三田哲学会の支援がなければ本書は存在しなかった。

二〇一六年十月

柏端達也

柏端達也（かしわばた　たつや）
1965年生まれ。慶應義塾大学文学部教授。専門は、行為論、現代形而上学。博士（人間科学）。著書に『現代形而上学入門』（勁草書房、2017）、『自己欺瞞と自己犠牲』（勁草書房、2007）など。

慶應義塾大学三田哲学会叢書
コミュニケーションの哲学入門

2016年12月30日　初版第1刷発行
2023年9月15日　初版第4刷発行

著者――――柏端達也
発行――――慶應義塾大学三田哲学会
〒108-8345　東京都港区三田2-15-45
http://mitatetsu.keio.ac.jp/
制作・発売所――慶應義塾大学出版会株式会社
〒108-8346　東京都港区三田2-19-30
TEL〔編集部〕03-3451-0931
〔営業部〕03-3451-3584〈ご注文〉
〃　03-3451-6926
FAX〔営業部〕03-3451-3122
振替　00190-8-155497
https://www.keio-up.co.jp/
装丁――――耳塚有里
組版――――株式会社キャップス
印刷・製本――中央精版印刷株式会社
カバー印刷――株式会社太平印刷社

Printed in Japan　ISBN978-4-7664-2392-1

「慶應義塾大学三田哲学会叢書」の刊行にあたって

ars incognita

このたび三田哲学会では叢書の刊行を行います。本学会は、1910年、文学科主任川合貞一が中心となり哲学専攻において三田哲学会として発足しました。1858年に蘭学塾として開かれ、1868年に慶應義塾と命名された義塾は、1890年に大学部を設置し、文学、理財、法律の3科が生まれました。文学科には哲学専攻、史学専攻、文学専攻の3専攻がありました。三田哲学会はこの哲学専攻を中心にその関連諸科学の研究普及および相互理解をはかることを目的にしています。

その後、1925年、三田出身の哲学、倫理学、社会学、心理学、教育学などの広い意味での哲学思想に関心をもつ百数十名の教員・研究者が集まり、相互の学問の交流を通して三田における広義の哲学を一層発展させようと意図して現在の形の三田哲学会が結成されます。現在会員は慶應義塾大学文学部の7専攻（哲学、倫理学、美学美術史学、社会学、心理学、教育学、人間科学）の専任教員と学部学生、同大学院文学研究科の2専攻（哲学・倫理学、美学美術史学）の専任教員と大学院生、および本会の趣旨に賛同する者によって構成されています。

1926年に学会誌『哲学』を創刊し、以降『哲学』の刊行を軸とする学会活動を続けてきました。『哲学』は主に専門論文が掲載される場で、研究の深化や研究者間の相互理解には資するものです。しかし、三田哲学会創立100周年にあたり、会員の研究成果がより広範な社会に向けて平易な文章で発信される必要性が認められ、その目的にかなう媒体が求められることになります。そこで学会ホームページの充実とならんで、この叢書の発刊が企図されました。

多分野にわたる研究者を抱える三田哲学会は、その分、多方面に関心を広げる学生や一般読者に向けて、専門的な研究成果を生きられる知として伝えていかなければならないでしょう。私物化せず、死物化もせずに、知を公共の中に行き渡らせる媒体となることが、本叢書の目的です。

ars incognita　アルス　インコグニタは、ラテン語ですが、「未知の技法」という意味です。慶應義塾の精神のひとつに「自我作古（我より古を作す）」、つまり、前人未踏の新しい分野に挑戦し、たとえ困難や試練が待ち受けていても、それに耐えて開拓に当たるという、勇気と使命感を表した言葉があります。未だ知られることのない知の用法、単なる知識の獲得ではなく、新たな生の技法（ars vivendi）としての知を作り出すという本叢書の精神が、慶應義塾の精神と相まって、表現されていると考えていただければ幸いです。

慶應義塾大学三田哲学会